TABLEAUX GÉNÉALOGIQUES

DES FAMILLES

AYNARD

ET

JORDAN-DUGAS

AVEC

NOTES PRÉLIMINAIRES

LYON

IMPRIMERIE MOUGIN-RUSAND

3, rue Stella, 3

—

1892

TABLEAUX GÉNÉALOGIQUES

DES FAMILLES

AYNARD et JORDAN-DUGAS

TABLEAUX GÉNÉALOGIQUES

DES FAMILLES

AYNARD

ET

JORDAN-DUGAS

AVEC

NOTES PRÉLIMINAIRES

LYON

IMPRIMERIE MOUGIN-RUSAND

3, rue Stella, 3

—

1892

TABLEAUX GÉNÉALOGIQUES

DES

Familles Aynard et Jordan-Dugas

NOTES PRÉLIMINAIRES

AVANT-PROPOS

EPUIS *longtemps, ma mère, Madame Alphée Aynard, née Henriette Jordan-Dugas, m'avait donné quelques notes généalogiques qu'elle avait extraites de tableaux* communiqués *par notre cousin Augustin Jordan, le frère de* Camille, *l'illustration de notre famille.*

Ces premières notes m'ont donné l'idée de les compléter et d'en faire d'analogues pour notre famille Aynard.

Enfin, un remarquable travail de M. Finaz, sur la grande famille de Saint-Chamond, m'a fourni des indications précises et nombreuses.

Ces renseignements étaient conservés pour mes enfants, et je ne pensais pas leur donner une publicité même restreinte, lorsqu'un de mes cousins Jordan m'a fortement engagé à les faire imprimer pour faciliter à nos descendants l'étude de notre nombreuse parenté ; c'est donc uniquement à ma famille qu'ils sont destinés.

Ce travail n'est pas complet ; si je voulais le rendre complet, je craindrais de le laisser en route.

Je le livre donc tel qu'il est ; si l'un de mes petits-enfants veut le compléter et le poursuivre, il pourra prendre ce que j'ai fait comme point de départ.

Dans mes notes et dans mes tableaux, je n'ai rien inventé.

J'ai pu commettre quelques erreurs involontaires ; dans tous les cas je ne les crois pas nombreuses.

J'ai connu, j'ai aimé ou j'ai simplement vu le plus grand nombre de ceux et de celles dont je donne les noms, et qui m'ont précédé dans le siècle où nous sommes, soit à Lyon, soit à Paris, que j'ai habité quinze ans avant 1851, et que j'ai revu depuis, chaque année, dans de nombreux voyages facilités par ma position d'ingénieur en chef des chemins de fer.

Le plus ancien de tous nos parents que j'ai connus est mon arrière-grand-père, Jean-Baptiste Dugas de Chassagny, qui fut mon parrain en 1812, comme trente-six ans auparavant il avait été le parrain de son neveu Dugas-Montbel, né en 1776.

Jean-Baptiste Dugas de Chassagny est né en 1735 ; il est mort en 1819 ; j'ai donc vécu pendant sept années avec un de *nos aïeux, qui avait vécu pendant près de quarante ans sous le règne de Louis XV.*

Ayant passé toute ma jeunesse avec ceux de notre famille qui avaient vu la grande Révolution, les temps qui l'ont précédée qu'on appelait l'ancien régime, et le règne de Napoléon Ier.

Je crois intéressant de conserver les souvenirs qui correspondent à ces époques, souvenirs avec lesquels je peux dire que j'ai été bercé.

Ils feront l'objet des notes préliminaires à nos tableaux généalogiques.

Je serai conduit à rappeler plusieurs choses déjà dites d'une manière incidente dans d'autres publications, parce qu'elles seront ici tout à fait à leur place, et que le lecteur n'aura pas à faire des recherches qui souvent pourraient être difficiles.

Th. Aynard.

FAMILLE AYNARD

12 Tableaux généalogiques.

NOTES PRÉLIMINAIRES

DES

TABLEAUX GÉNÉALOGIQUES

DE

La Famille Aynard

———

LES Aynard sont originaires de Bourg-en-Bresse. Mon grand-père, Claude-Joseph Aynard, né en 1733 de François Aynard et de Marguerite Renaud, est venu s'établir à Lyon au milieu du siècle dernier.

Ses quatorze enfants sont nés à Lyon, sur la paroisse de Saint-Nizier, ou ils ont été baptisés, de 1763 à 1779.

A cette époque Saint-Bonaventure n'était pas une paroisse, mais la chapelle du Couvent des Cordeliers, de l'Ordre mineur de Saint-François.

Claude-Joseph Aynard avait deux frères, qui n'ont pas quitté Bourg, si ce n'est temporairement.

L'un était le chanoine Albert Aynard, dont nous avons un précieux souvenir donné par lui à ma mère : un nécessaire de voyage en vermeil, qui lui avait été laissé pendant l'émigration par la princesse Marie-Thérèse de Savoie, femme du comte d'Artois, devenu depuis le roi de France Charles X.

Le portrait au crayon du chanoine Aynard, ainsi qu'un buste en terre cuite de mon grand-père, Claude-Joseph Aynard, sont dans la famille Belmont-Desgeorges, par héritage de Mme Soret-Aynard, nièce du chanoine et sœur de mon père.

Le buste en terre cuite de mon grand-père Aynard a été photographié par Armbruster, sur la demande de mon cousin Édouard, qui a eu l'attention de m'en donner un exemplaire.

L'autre frère de mon grand-père était négociant à Bourg et n'a pas laissé de descendants.

Il y a des noms qui sont très répandus et qui appartiennent à des familles complètement étrangères les unes aux autres.

Le nom d'Aynard par *Ay* n'est pas commun comme nom patronymique. Je ne l'ai trouvé dans aucune autre famille, ni à Lyon, ni dans aucun des pays que j'ai habités.

Guichenon, historien de la Bresse, fait mention d'un traité de 1503 entre les seigneurs de Villars et Claude Aynard, abbé de Saint-Sulpice-en-Bugey, pour la fondation de l'abbaye de la Chassagne.

Les Aynard occupent le second rang parmi les fondateurs

du Val Saint-Hugon, dont Guy Allard composa la généalogie depuis Rodolphe, qui vivait en 960.

Les plus anciens titres relatifs aux Aynard sont contenus dans :

Cartulare Monasterii Sanctorum Petri et Pauli de Dominia.

Grand in-8° publié à Lyon en 1859, chez Perrin, par le marquis de Mont-Aynard.

Enfin le premier doyen connu du chapitre noble de Saint-Jean à Lyon, est Aynard, qui vivait dans le commencement du x⁰ siècle, il est cité dans une charte de l'archevêque Burchard II, de l'an 984.

Les traditions de la famille disent aussi que nous sommes originaires du Dauphiné et que le nom a été donné par elle au mont Aynard, près de Grenoble, ou que la montagne nous a donné son nom.

Je crois tout cela fort contestable, malgré l'opinion du chanoine Aynard, qui avait, quoique chanoine (ou parce que), des prétentions à la noblesse, chose à laquelle on devait naturellement attacher beaucoup de prix à une époque où elle avait beaucoup de privilèges. Mon père m'a dit souvent que son oncle le chanoine prétendait avoir droit de tabouret à la cour (droit de s'asseoir devant Leurs Majestés royales).

Le nom d'Aynard, tel que nous l'écrivons, est encore aujourd'hui, comme depuis longtemps, un prénom qui se transmet à l'aîné dans plusieurs familles nobles du Dauphiné. Les aînés *de la Tour-Dupin* portent tous le prénom d'Aynard.

Dans les anciens administrateurs et échevins de la ville de Lyon, se trouve des :

Aynard de Villeneuve, de 1390 à 1458.

Aynard de Chaponnay, de 1416 à 1499.

Aynard de Beaujeu, en 1510.

Entre Romans et Valence il existe deux petits hameaux qui portent notre nom, les Gros-Aynard et les Petits-Aynard.

Quant à la montagne de Grenoble, son nom vient très probablement de la chapelle de Saint-Aynard, dont les ruines subsistent encore.

Sur les cartes de Cassini tous ces noms sont écrits par *Ay.* Sur les nouvelles cartes de l'état-major par *Ey,* je ne sais trop pourquoi. La plus ancienne manière doit être la vraie.

La même orthographe peut faire supposer la même origine.

Cependant, si l'on veut remonter à l'origine du nom, on trouvera peut-être que tous les Aynard ont commencé par un E.

Mon ami Frédéric Ozanam, très versé dans l'étude du Moyen Age, m'a dit plusieurs fois que notre nom, par changements successifs, venait d'Eginhard, un des secrétaires de Charlemagne, mort en 844.

Les Eynard de Genève prétendent à une origine française.

Mon père avait eu l'occasion de rencontrer celui qui était devenu célèbre par sa grande fortune, acquise en Italie dans les fournitures pour l'armée de Napoléon Ier, et surtout par son amour et sa générosité pour la Grèce en 1825.

Ils disaient tous deux que nos familles sortaient de la même souche et que l'une des branches étant devenue où restée protestante, à la révocation de l'édit de Nantes en 1685, avait écrit son nom par un E, pour se distinguer de la branche catholique restée en France.

Quoi qu'il en soit, dans la branche paternelle, nous n'avons pas de documents certains pour remonter plus haut que le commencement du siècle dernier.

Tout le reste pourrait passer pour légende, si l'opinion de notre oncle le chanoine, par son caractère respectable, ne lui donnait pas un certain cachet d'authenticité.

Mon grand-père, Claude-Joseph Aynard, occupait à Lyon une bonne position commerciale ; il habitait une maison qui lui appartenait dans la rue Buisson.

Cette rue a été complètement démolie en 1854, lors de l'ouverture de la rue Impériale. Elle était située sur l'emplacement actuel de la rue de la Bourse.

Le pavillon nord-est du palais de la Bourse occupe en partie le terrain de cette maison où est né mon père en

1778, et qu'il a habitée avec sa mère jusqu'en 1811, époque de son mariage.

De ses quatorze enfants mon grand-père en avait conservé neuf, dont voici les noms avec les dates de leur naissance :

Claude Aynard, né en 1763, grand-père d'Édouard.
François Aynard, né en 1766, père des D^{mes} Bruyset et Aubin Aynard, né en 1773.   [Corvisart.
Alphée Aynard, mon père, né en 1778.
Antoinette, Mme Cattan, née en 1769, sans postérité.
Adélaïde, Mme Soret, née en 1771, souche des Belmont.
Sophie, religieuse, née en 1772.
Laurette, Mme Desgeorges, née en 1775.
Victoire, Mme Chevallier, née en 1779.

Je les ai tous connus, à l'exception de Aubin, parti pour l'Amérique avant ma naissance, et Sophie, la religieuse, morte pendant ou peu de temps après la Révolution.

En arrivant à Lyon, Joseph Aynard y avait établi la fabrication des draps de laine sur une assez grande échelle.

Cette industrie avait alors une organisation analogue à celle de nos fabriques actuelles d'étoffe de soie.

Les laines achetées dans les pays de production étaient filées à la main dans les campagnes et tissées de même par des ouvriers citadins ou ruraux, propriétaires de leurs métiers.

Les draps bruts, de la couleur naturelle de la laine, étaient ensuite préparés dans une usine dite Foulons, que mon grand-père avait établie sur le Rhône, en face de la grande maison Tolozan.

Puis, ils étaient teints en pièces dans des ateliers spéciaux, et livrés au commerce de détail par la maison Aynard, qui les exportait jusqu'en Bretagne, peut-être même à l'étranger.

M. Tolozan de Montfort, prévôt des marchands, ayant fait construire la magnifique maison qui porte son nom et qui plus tard l'a donné au Port Saint-Clair, vint l'habiter avec sa famille et trouva que les foulons de M. Aynard l'empêchaient de dormir.

Alors comme dans la fable du loup et de l'agneau, la raison du plus fort fut... *la plus forte* et la suppression des foulons fut décidée.

Il en résulta un procès qui n'a jamais été définitivement jugé ; la Révolution laissa la chose en suspens, faisant disparaître l'usine et son propriétaire, le persécuté et le persécuteur.

Le contremaître de cette usine était un brave homme nommé Sève ; il avait un fils à peu près de l'âge de mon père ; ces jeunes gens se rencontraient souvent.

Le fils Sève, voyant qu'il ne pouvait pas succéder à son père dont l'emploi était supprimé avec les foulons, se destina, comme on disait alors, à la carrière des armes.

Il fit toute les guerres de Napoléon et, devenu colonel

d'artillerie à la fin de l'empire, il donna sa démission et
partit pour l'Égypte, où, bientôt, sous le nom de Soliman-
Bey, il est devenu général en chef des armées du Pacha, qui
ne s'est jamais douté du service que lui avait rendu
M. Tolozan.

Par suite de quelles circonstances est-il allé en Égypte ? Je
l'ignore, mais je peux dire que cette histoire est parfai-
tement authentique.

En 1842 ou 1843, il y avait de passage à Paris Soliman-
Bey, général en chef, organisateur de l'armée du Pacha
d'Égypte, qui n'était autre que le fils de l'ancien employé
de notre famille dans les foulons du Rhône, près de la
place Tolozan.

Mon père trouva l'occasion de se mettre de nouveau en
rapport avec lui.

A la suite de ces visites, je fus moi-même chargé, dans
un de mes voyages à Lyon, de faire je ne sais plus quelle
commission, à la sœur de Soliman-Bey, Mme Alday, demeu-
rant dans la rue du Bât-d'Argent.

Tous les Lyonnais de ma génération ont connu le père
Alday et ses quatre fils, qui, de 1820 à 1830, donnaient des
leçons de violon dans toute la ville.

Mon grand-père Joseph Aynard n'appartenait pas à ce
que l'on appelait alors l'ordre de la noblesse, mais il avait
des armoiries que j'ai retrouvées dans les empreintes d'un
cachet, sur son livre de famille, à la date de 1764. Comme
presque toutes les armoiries elles sont parlantes ; on a repro-

duit les deux syllabes du nom Ay-nard par une haie et l'arbre qui s'appelle Nard.

Avant 1789 la milice bourgeoise était organisée par quartier. La ville de Lyon en comptait vingt-huit ; ces quartiers étaient désignés par les noms des places ou rues principales ; telles que :

Place Confort, Le Change, Terreaux, rue Buisson, etc.

Ces subdivisions portaient aussi le nom de pennonnage, du mot pennon (étendard) ; on donnait le nom de capitaine Pennon à celui qui était chef des habitants de chaque quartier.

Je dois supposer, d'après les documents dont je parlerai plus tard, que mon grand-père Aynard était chef de la milice bourgeoise de son quartier, et que c'est probablement à ce motif qu'il faut attribuer le droit qu'il avait de prendre des armoiries.

Mon père m'a raconté que c'était dans la maison de la rue Buisson qu'était gardé l'étendard du quartier, ce qui confirmerait bien que mon grand-père était capitaine Pennon.

Il avait sa maison de campagne à la Mulatière, sur le coteau de Sainte-Foy, connue sous le nom de la Bastero. Elle était assez considérable ; ses prairies s'étendaient jusque sur le bord du Rhône, là où débouche le chemin de fer en sortant du tunnel, dans la plaine, avant l'usine d'Oullins.

La Bastero appartient aujourd'hui à M. Saint-Clair Péricault ; d'après des recherches faites par son parent,

M. d'Avaise, le nom vient de Bernardin Bastero, Turinois, naturalisé français en 1657.

Lyon, qui comptait peu d'ancienne noblesse, avait commencé par accepter la révolution de 1789 ; mais aussitôt que l'on vit par quel excès le parti révolutionnaire conduisait aux abîmes de la férocité et de l'anarchie, Lyon ne voulut pas se soumettre à cette nouvelle tyrannie.

Je ne redirai pas ce que vous trouverez dans l'histoire de ces tristes temps.

Le siège de Lyon fut commencé le 8 août 1793, après la mort du roi, qui avait mis le comble à l'exaspération des honnêtes gens.

Mon grand-père Joseph Aynard prit une part active à la défense de la ville. Ses fils, Claude, François et Aubin, prirent aussi les armes ; François était dans la cavalerie.

Mon père était encore trop jeune, il n'avait que 15 ans ; il ne fut donc pas compris dans l'armée régulière.

Si j'ai dit que mon grand-père avait pris une part active à la défense de la ville, c'est que j'ai lu les motifs de sa condamnation à mort après le siège.

Les comptes rendus des journaux du temps sont très laconiques; ils disent seulement :

Joseph Aynard, chef de section de la rue Buisson, fut condamné à mort et exécuté sur la place des Terreaux, le 15 décembre 1793. 60 ans.

L'organisation ancienne de 1746 avait subsisté pendant le siège ; mon grand-père était resté chef de section de la milice de son quartier.

Cette note sur la mort de mon grand-père a été prise par moi il y a déjà plusieurs années. Je l'avais trouvée au monument expiatoire des Brotteaux, dans la bibliothèque des Capucins, lorsqu'ils en avaient encore la garde et le service.

J'ai trouvé depuis, dans un livre publié sur les Tribunaux révolutionnaires de Lyon par M. Salomon de la Chapelle le passage suivant (15 décembre 1793) :

« Cejourd'hui, 25 frimaire de l'an II, nous, François « Berlié, secrétaire de la Commission révolutionnaire, etc.

« Nous sommes transportés sur la place de la Liberté « (Terreaux), à une heure et demie après-midi, pour « assister à l'exécution qui a été faite sur la dite place, à « une heure quarante minutes, par l'exécuteur du man- « dement de justice, qui a sur-le-champ guillotiné Vachon, « Bernard, Soron, Novet, Gigaut, Bourdelin, Mougin, « *Aynard*, Faucheux, Donot, Beaupré, Canouville, Cas- « tillon et Lebruma (page 161).

Le jour même de l'exécution, le plus jeune de ses fils, Alphée, mon père, voulant avoir des nouvelles, se dirigeait vers l'Hôtel de Ville pour chercher en même temps à voir les prisonniers qui étaient fermés dans les caves, lorsqu'il rencontra dans la rue Clermont (aujourd'hui rue de l'Hôtel-de-Ville), un de ses amis, M. Latune, de Crest-en-Dauphiné, qui revenait de la place des Terreaux.

M. Latune, qui savait ce qui se passait, empêcha mon

père de se rendre à l'Hôtel de Ville, sous prétexte qu'il était dangereux et même impossible d'aborder à cause de la foule, et l'entraîna loin de cette place sur laquelle avait lieu le supplice de son père, dont il l'empêcha ainsi d'être témoin.

Cette histoire, que mon père n'a peut-être jamais sue, car il ne m'en a jamais parlé, m'a été racontée comme positive, le 7 février 1859, dans les salons de M. le sénateur Vaïsse, dans l'Hôtel de Ville de Lyon, par M. James, secrétaire de la Chambre de Commerce, qui la tenait de M. Latune lui-même.

Dans ces terribles jours périt aussi mon arrière-grand-père Jordan, l'échevin dont je parlerai plus longuement dans mes notes sur la famille Jordan.

Après la prise de Lyon par la Convention, les frères de mon père qui avaient fait partie de l'armée défensive sous les ordres du général de Précy, parvinrent à s'échapper. (Voir *Voyages au temps jadis*, page 110.)

Ma grand'mère se retira à la campagne, avec mon père et ses deux filles, Sophie, la religieuse, sortie de son couvent détruit, et Victoire (Mme Chevallier), pas encore mariée. Ils occupèrent, au faubourg de Vaise, l'ancienne maison Petel, sur le chemin de Saint-Cyr, la dernière maison à gauche, près du ruisseau de Roche-Cardon, à l'entrée du vallon.

Après la mort de mon grand-père, ses magasins, ses appartements à la ville et à la campagne avaient été saccagés et pillés ; c'est à cette époque que furent volés les plats célèbres de Bernard de Palissy, qu'il avait rapportés de

Paris, où il les avait achetés lors de la vente mobilière du duc de Richelieu, petit-neveu du cardinal, ministre de Louis XV, mort en 1788.

Ces objets, qui figurent aujourd'hui avec honneur dans nos musées, ont été rachetés de M. de Migieu, à Dijon, il y a plus de 80 ans, sans que l'on sût alors quelle était leur origine. (Rapport de M. Martin-d'Aussigny, conservateur du Musée de Lyon, 15 octobre 1859.)

Pour échapper aux poursuites dirigées contre les survivants de l'armée du général Précy, deux des fils Aynard, Aubin et François, se sauvèrent à Paris, où ils furent arrêtés et mis en prison aux Bénédictins anglais dans la rue Saint-Jacques (alors rue de l'Observatoire.)

Ce fait résulte non seulement des récits que j'ai entendus dans ma jeunesse, mais il est constaté par Mme de Béarn, née Pauline de Touzelle, dans son livre publié en 1833, sous le titre de *Souvenirs de quarante ans.*

Elle se trouvait dans la même prison avec sa mère, dame d'honneur de madame la Dauphine. Elle raconte que de jeunes Lyonnais, MM. Aynard, avaient trouvé le moyen d'apporter une distraction à la tristesse des jeunes prisonnières en établissant une escarpolette.

Leur sœur, Mme Adélaïde Soret, avait aussi son mari dans cette prison. Agée de 23 ans seulement, mais avec une énergie égale à sa beauté, elle était partie courageusement, toute seule pour Paris, et avait fini par le découvrir.

Dans ces visites elle s'était liée avec Mlle de Touzelle, et leurs relations se sont continuées fort longtemps, car elles avaient commencé dans des circonstances qui ne s'oublient jamais.

Enfin le 9 thermidor mit fin à leur captivité, et la maison de Joseph Aynard, de Lyon, reprit ses opérations sous la direction de ses trois fils, Claude, Francois et Alphée.

Le quatrième, Aubin, d'un caractère ardent et aventureux, s'était embarqué avec le capitaine Surcouf, pour faire la guerre aux Anglais. De là il est allé dans l'Amérique du Sud, ou il s'est marié, et n'a plus donné de ses nouvelles depuis 1827.

Avant la Terreur la maison Aynard avait fait des affaires importantes avec la Bretagne ; il lui était dû des sommes assez fortes. On était à l'époque des guerres de Vendée. La correspondance et les envois d'argent étaient sinon impossibles, au moins très difficiles.

Il fut décidé que le plus jeune des trois, Alphée, ferait le voyage pour retirer ce qu'il pourrait de ces créances. (Voir *Les Voyages au temps jadis*, page 112.)

De retour à Lyon, mon père fut associé au commerce de ses frères, qui prit un grand développement sous le premier Empire.

La fourniture des draps pour l'habillement des troupes était une grosse affaire.

Napoléon, qui ne voulait pas s'exposer aux incertitudes du commerce ordinaire, exigea que pour concourir aux adjudications militaires, on fût propriétaire de grandes fabriques ayant tout sous la main.

C'est alors que furent construites celles d'Ambérieu et de Montluel, sur l'emplacement d'anciens moulins.

Le mode de fabrication fut complètement modifié. Tout le travail qui se faisait au dehors fut concentré dans les usines, qui continrent tous les ateliers mécaniques nécessaires pour la filature, la teinture et le tissage, le foulage et le tondage des draps, etc.

Les machines étaient mises en mouvement par des chutes d'eau.

A Montluel c'était la Sereine.

A Ambérieu un cours d'eau beaucoup moins important, le ruisseau de Vareil, affluent de l'Albarine, avait en compensation deux chutes successives de vingt mètres de hauteur chacune, dont les forces étaient utilisées par deux roues motrices de cette dimension, pour faire marcher les foulons et les filatures.

C'est dans cette usine d'Ambérieu, que de 1821 à 1825 mon père fit, avec le concours de M. Marc Séguin, l'aîné, une des premières applications en France des ponts suspendus, pour faire communiquer les étages supérieurs des deux principaux bâtiments de la fabrique.

Ces deux roues à godets, de vingt mètres de diamètre, et le pont suspendu aérien, à la hauteur d'un quatrième étage, étaient alors des nouveautés qui attiraient beaucoup de curieux.

Pendant les guerres de Napoléon Ier, lorsque le commerce en général allait assez mal, la maison Aynard fit de très beaux bénéfices, mais ils furent en grande partie dépensés pour l'installation des fabriques.

Mon père s'est marié en 1811 avec Mlle Henriette-Catherine Jordan-Dugas.

Avant ce mariage, les familles Aynard et Jordan étaient intimement liées, par suite de rapports anciens qui existaient entre les Aynard et les Dugas-Chassagny.

CACHET DE JOSEPH AYNARD (1764).

Légende des travaux du chemin de fer de Genève, 1858

FAMILLE JORDAN

---

19 Tableaux Généalogiques.

La Famille Jordan

LA famille Jordan est fort ancienne et des plus honorables par elle-même et par ses alliances. Vous verrez, par les tableaux généalogiques, qu'elle est alliée d'abord aux Dugas, ensuite aux Rambaud, aux Périer de Grenoble, aux de Gérando.

Notre cousin, Camille Jordan, juge à Lyon, m'a souvent parlé de la parenté des Jordan avec M. de Beust, premier ministre d'Autriche en 1886 (il avait eu avec lui une assez grande correspondance).

Nous remontons par les Jordan jusqu'en 1611, époque du testament de Lanthelme Jordan, ministre de la religion réformée. (Voir l'*Annuaire de la noblesse de Borel d'Hauterive*, 1856, rue Richer, 30, à Paris.)

Le père de Henri Jordan, échevin de Lyon en 1780, avait épousé une demoiselle de Gérando. C'est de là que vient notre parenté éloignée avec les de Gérando et les Brossette, les Piron, les Gaillard et les Regny.

La tante de Henri Jordan, l'échevin, demoiselle Hélène Jordan, avait épousé M. Claude Dupuis, de Grenoble. Sa fille, Élisabeth Dupuis, a épousé Jacques Périer, le grand-père de Casimir Périer. (Voir le tableau généalogique Jordan n° 14.)

Henri Jordan, l'échevin de 1780, avait épousé une demoiselle Briasson, fille de Charles-Claude Briasson, échevin lui-même en 1756 et 1757.

M. Jordan, l'échevin, était marchand de soie à Lyon, et banquier, son beau-père, M. Briasson, était fabricant d'étoffes riches ; tous les deux ont été annoblis en vertu de l'édit de Charles VIII, de 1495.

C'est de M. Briasson et de son gendre, Henri Jordan, que notre cousin, Augustin Jordan, qui les avait connus tous deux, disait à ma mère :

« Votre grand-père, l'échevin, avait l'air d'un prince, « et votre arrière-grand-père, Briasson, avait l'air d'un « roi. »

On peut voir que ces paroles sont justifiées par leurs portraits authentiques, dont j'ai fait faire de bonnes copies.

La copie du portrait de M. Briasson a été faite par Mlle Zolla, devenue depuis Mme Tissot.

La copie des portraits de M. Jordan, l'échevin, a été faite par M. Vaessen, professeur de dessin aux Chartreux.

Les originaux de ces portraits sont : celui de M. Briasson,

dans la famille de Boisset, par héritage de M. Louis Rambaud. Celui de M. Jordan dans la famille Coste, à Saint-Etienne, par héritage de Mme Coste-Jordan, fille de l'échevin.

M. Briasson avait quatre filles, qui sont devenues Mmes Jordan, Rambaud, Servant et de Brosses Les deux dernières n'ont pas laissé de descendants.

L'ancien maire de Lyon, M. le baron Rambaud et M. Rambaud-Brosses, son frère, étaient cousins germains de mon grand-père Jordan.

M. Rambaud, l'ancien maire, est celui dont le nom a été donné au cours Rambaud, rive gauche de la Saône, en face des Etroits.

Il a eu pour fils M. Charles Rambaud, conseiller à la cour de Lyon, qui avait épousé une charmante femme, Mlle Emma de la Chapelle.

C'est de là que vient notre parenté avec les Rambaud, les de Boisset, les Daudet, les de la Chapelle, parce que, comme nous, ils descendent de M. Briasson, l'échevin.

M. Hippolyte de Boisset, adjoint à la mairie de Lyon avant 1830, avait épousé Maria Rambaud, la nièce de l'ancien maire de Lyon.

Mme Jordan-Briasson (dont j'ai aussi le portrait copié par M. Vaësen sur l'original de Nonotte), était une femme remarquable, non seulement par sa figure, mais ce qui est bien mieux, par son caractère, son jugement, son esprit et la bonne direction de sa maison.

Elle avait été élevée quelque temps à Paris (chose rare à l'époque), chez son oncle Briasson, imprimeur distingué, qui avait été chargé de l'impression de la grande encyclopédie du siècle dernier. Ce M. Briasson avait été consul à Paris. Je suppose que cette fonction devait correspondre à celle de juge au tribunal de commerce.

Cette dame Jordan-Briasson, veuve de Henri Jordan, ma bisaïeule, vivait encore au moment de ma naissance, elle n'est morte qu'en 1813.

Elle habitait alors le premier étage de la maison Jordan, place Tolozan. (Voir *Voyages au temps jadis*, page 106.)

Elle était propriétaire d'une ferme à la Guillotière, connue sous le nom de *La Mouche*, là où se trouvent actuellement la gare des marchandises, le fort de la Vitriolerie et beaucoup d'autres constructions ; en 1830 il n'y avait encore que des champs et des prés.

La gare de *la Mouche* et la rue *Croix-Jordan* rappellent, par leurs noms, cette ancienne origine.

Il existait au bout de cette rue, à l'embranchement des rues de Gerland et des Culattes, un petit espace triangulaire, autrefois accessible à tous, dans une enceinte réservée, qui depuis quelques années a été réunie par des murs à la propriété voisine.

Sur cet emplacement s'élève une croix de pierre, qui porte sur son piédestal l'inscription suivante, gravée en creux :

« L'an de grâce 1810, le 5 du mois de septembre,
« Magdeleine Briasson, veuve de Henri Jordan, a rétabli

« ce monument consacré à la piété des fidèles par ses pré-
« décesseurs. »

Cette croix existe encore, mais par suite de l'exhausse-
ment du terrain tout autour, il n'est plus possible de voir
l'inscription que j'ai relevée moi-même sur place, il y a plus
de trente ans.

Son mari, Henri Jordan, mon arrière-grand-père, avait
été, comme je l'ai dit, échevin en 1780.

À l'époque du siège, il contribua, par une souscription
de 1,700 livres, à la défense de la ville, cela suffit pour le
désigner à la vengeance des révolutionnaires.

Ainsi que mon grand-père Aynard, il fut mis à mort
quelques jours après lui, le 31 janvier 1794. Il avait
70 ans.

C'est aussi dans la bibliothèque des Capucins que j'ai
retrouvé la note relative à la mort de mon arrière-grand-
père Jordan.

La date est bien la même que dans le livre des tribunaux
révolutionnaires de Lyon, dont j'ai déjà parlé.

Henri Jordan périt dans les fusillades des Brotteaux, qui
avaient remplacé la guillotine, ne fonctionnant pas assez
vite pour les tyrans de cette horrible époque.

C'est dans le voisinage de ce champ de supplice qu'a été
élevé plus tard le monument expiatoire des Brotteaux.

En 1792, le fils de Jordan, l'échevin, avait épousé
Catherine Dugas, fille de J.-B. Dugas de Chassagny. C'est
de là que vient notre parenté avec tous les Dugas.

Jean-Baptiste Dugas, né en 1735, était l'aîné des cinq fils de Joseph Dugas, de Saint-Chamond.

Les perfectionnements très importants qu'il apporta dans la fabrication des rubans le firent considérer comme le créateur de cette industrie à Saint-Chamond et dans toute la région voisine.

Ce fait est constaté d'une manière authentique par les lettres de noblesse qui lui furent données par Louis XVI.

Longtemps oubliées, elles ont été retrouvées, il y a peu d'années, dans les archives du département du Rhône.

Par ces lettres patentes de 1777, Jean-Baptiste Dugas, l'aîné, et son frère Jacques, sont déclarés nobles, eux et leurs descendants, *masculins et féminins, à perpétuité*, avec le droit *aux armoiries*, telles qu'elles sont réglées et blasonnées par le sieur d'Hozier de Serigny, juge des armes de France : *Coupé au premier de gueules avec deux épées en sautoir d'or ; au deuxième d'azur à un arbre d'or.*

Le roi dit d'une manière positive qu'il veut que la noblesse de J.-B. Dugas *passe à sa postérité*.

Comme il n'avait qu'une fille, il est expressément dérogé aux usages reçus par *cette déclaration toute spéciale* que cette noblesse passera *à perpétuité à sa descendance masculine et féminine, car tel est son plaisir.*

Tous les descendants de Mme Jordan-Dugas sont donc héritiers de sa noblesse et ont le droit incontestable de prendre les armes des Dugas, telles qu'elles sont décrites dans les lettres patentes de 1777.

Dans l'intérêt de mes enfants, je leur ferai remarquer

qu'étant l'unique héritier de ma mère, l'aînée de tous les enfants de Mme Jordan-Dugas, je me trouve le descendant le plus direct de mon arrière-grand-père, J.-B. Dugas de Chassagny, l'aîné de tous ses arrière-petits-enfants et le seul qui l'ait connu.

Enfin je leur rappellerai que cette distinction ne leur est accordée qu'à la condition *de vivre noblement*, c'est-à-dire, au temps où nous sommes, de faire toujours *un noble usage* de leur position.

Après avoir quitté le commerce, Jean-Baptiste Dugas acheta la terre et le château de Chassagny, dont il fut seigneur jusqu'en 1789 ; il y a vécu *noblement* de toute manière jusqu'en 1819, époque de sa mort, à l'âge de 84 ans.

Si l'on veut avoir plus de détails sur les Dugas et les Jordan, j'engage à lire les *Voyages au temps jadis*, de la page 99 à la page 108.

Quelques exemplaires seulement contiennent, à la fin, les lettres patentes de 1777. Leur véritable place me paraît être ici, comme complément important des tableaux généalogiques de notre famille Jordan.

Dans les *Voyages au temps jadis*, j'ai parlé de mon bisaïeul, Jean-Baptiste Dugas, d'après mes souvenirs d'enfance, et d'après les récits de ma mère. Je n'avais pas pu donner beaucoup de détails oubliés, qui viennent d'être rappelés dans une publication récente de M. Donot sur la fabrication des rubans à Saint-Chamond, et sur la famille Dugas.

Les Dugas y ont établi leur première fabrique en 1638 ; c'est plus d'un siècle après que Jean-Baptiste Dugas importa le métier dit à la Zuricoise, qui fut un aussi grand progrès dans la fabrication des rubans que le métier à la Jacquart pour les étoffes de soie ; on peut dire que cette importation a quadruplé l'importance de cette industrie.

Nous pensons qu'il est intéressant pour la famille de connaître le texte même des lettres de noblesse données par Louis XVI.

ARMES DES DUGAS

(mars 1777.)

LETTRES DE NOBLESSE

DE

JEAN-BAPTISTE DUGAS DE CHASSAGNY

ET DE

JACQUES DUGAS DU VILLARS

(Mars 1777.)

———

Louis, par la Grâce de Dieu, Roy de France et de Navarre, à tous présents et à venir, Salut.

La protection que nous accordons au commerce nous rendant attentifs à la conduite des négociants de notre royaume qui se distinguent par l'étendue qu'ils y donnent et par leur affection à s'employer à ce qui intéresse le bien de notre État, nous avons été informé que les sieurs Jean-Baptiste et Jacques Dugas frères, négociants de la ville de Saint-Chamond, ont établi les métiers à la Zuricoise et porté au dernier point de perfection, dans les provinces du Lyonnais, Forez et Vélay, leurs manufactures de rubans de toute espèce qui occupent près de 2,400 métiers et font subsister au moins 1,200 familles et que le succès de ces établissements qui leur ont occasionné des dépenses considérables, forme une branche de commerce chez l'étranger très avantageuse à notre royaume.

Nous nous portons d'autant plus volontiers à leur faire connaître, par marques d'honneur *qui passent à leur posté-*

rité, la satisfaction que nous en avons, qu'ils descendent d'une famille très ancienne dont plusieurs membres jouissent encore de la noblesse et qu'il paraît assez vraisemblable que *les sieurs Dugas ont une origine noble*, et que leurs auteurs n'ont omis d'en prendre la qualification depuis cent cinquante ans que pour se livrer au commerce, à cause de leur peu de fortune et de leur nombreuse famille ;

Que leur grand-oncle Charles Dugas a servi en qualité de capitaine de grenadiers au régiment de la Motte ; qu'ils ont encore actuellement dans leur famille un ancien capitaine au régiment de Flandres, un chevalier de Saint-Louis, ancien chef de bataillon au régiment de Picardie, un ancien officier au régiment de Nantes, et qu'ils ont fourni *des prévôts des marchands à la ville de Lyon et plusieurs officiers dans le siège de la Sénéchaussée de la même ville,* entre autres Charles Dugas, lieutenant criminel de robe courte, connu par ses ouvrages sur le droit ;

A ces causes, nous avons, de notre grâce spéciale et autorité royale, anobli et anoblissons les sieurs Jean-Baptiste et Jacques Dugas frères, et du titre et qualité de nobles et d'écuyers, les avons décoré et décorons, voulons et nous plaît que leurs noms soient censés et réputés pour tels, ensemble leurs enfants et leur postérité *tant mâle que femelle née et à naître en loyal mariage,* tout aussi que s'ils étoient issus de noble et ancienne extraction, et que les dits sieurs Jean-Baptiste et Jacques Dugas frères et leur postérité, soient en tous lieux et endroits, tant en jugement que hors jugement, tenus, censés et réputés pour nobles et gentilshommes, et comme tels qu'ils puissent prendre en tous lieux et en tous actes la qualité d'écuyers, parvenir à tous degrés de chevalerie et autres dignités, titres et qualités réservés à notre noblesse, qu'ils soient inscrits dans le catalogue des nobles, et qu'ils jouissent et usent de tous leurs droits, prérogatives, privilèges, franchises, libertés, prééminences, exemptions et immunités dont jouissent et ont accoutumé de jouir les autres nobles de notre royaume.

Comme aussi qu'ils puissent acquérir, tenir et posséder toutes sortes de fiefs, terres et seigneuries, de quelque nature, titre et qualité qu'elles soient.

Et, en outre, nous avons permis aux sieurs Jean-Baptiste et Jacques Dugas frères et *à leurs enfants, postérité et descendants de porter les armoiries timbrées*, telles qu'elles seront réglées et blasonnées par le sieur d'Hozier de Sérigny, juge d'armes de France, et qu'elles seront pointées et figurées dans ces présentes (*coupé au premier de gueules à deux épées en sautoir d'or, au 2ᵉ d'azur à un arbre d'or*), auxquelles son acte de règlement sera attaché sous le contre-scel de notre chancellerie, avec pouvoir de les faire peindre, graver, insculper, en tels endroits de leurs maisons, terres et seigneuries que bon leur semblera, sans que par raison dudit anoblissement les sieurs Jean-Baptiste et Jacques Dugas frères, leurs enfants, postérité et descendants, soient tenus de nous payer, ni à nos successeurs rois, aucune finance ni indemnité dont, à quelques sommes qu'elles puissent monter, nous leur avons fait et faisons don par ces présentes, à la charge toutefois par eux, *de vivre noblement* et sans déroger à la dite qualité.

Si donnons en mandements à nos amés et féaux conseillers, les gens tenant notre cour de Parlement et notre chambre des aides, présidents et trésoriers de France au bureau des finances établi en la ville de Lyon, et à tous autres nos officiers et justiciers qu'il appartiendra, que les présentes ils aient à faire enregistrer, et du contenu en icelle faire jouir et user les dits sieurs Jean-Baptiste et Jacques Dugas frères, ensemble, leurs dits enfants et *postérité tant mâle que femelle, nés et à naître en loyal mariage,* pleinement, paisiblement et *perpétuellement ;* cessant et faisant cesser tous troubles et empêchements quelconques, nonobstant tous édits, déclarations, règlement, ordonnances, arrêts, auxquels nous avons expressément *dérogé et dérogeons par les dites présentes,* et sans tirer à conséquence ; *car tel est notre plaisir.* Et afin que ce soit chose ferme et stable à toujours, nous avons fait mettre notre scel à ces présentes.

Donné à Versailles, au mois de mars 1777, et de notre règne le troisième.

Signé : Louis, et plus bas, Par le Roy, Bertin.

Registré au Parlement, le 13 juillet 1777.

Signé : Dufranc.

Enregistré à la première Chambre de la Cour des Aides, le 3 septembre 1777.

Signé : Le Prince.

(*Archives du Rhône, Registre des Patentes,* f° 193.

Registre C, n° 520.)

Th. Aynard,

Inspecteur général honoraire des Ponts et Chaussées.

Lyon, le 19 mars 1892.

LYON. — IMPRIMERIE MOUGIN-RUSAND

FAMILLE AYNARD

Tableau Généalogique.

Nᵒ I.

François AYNARD.

Joseph AYNARD.

Alphée AYNARD.

Théodore AYNARD.

Adolphe AYNARD.

Geneviève FRANCHET-AYNARD

TABLEAU AYNARD I

Voir tableaux A, nos 8 9 10 11.

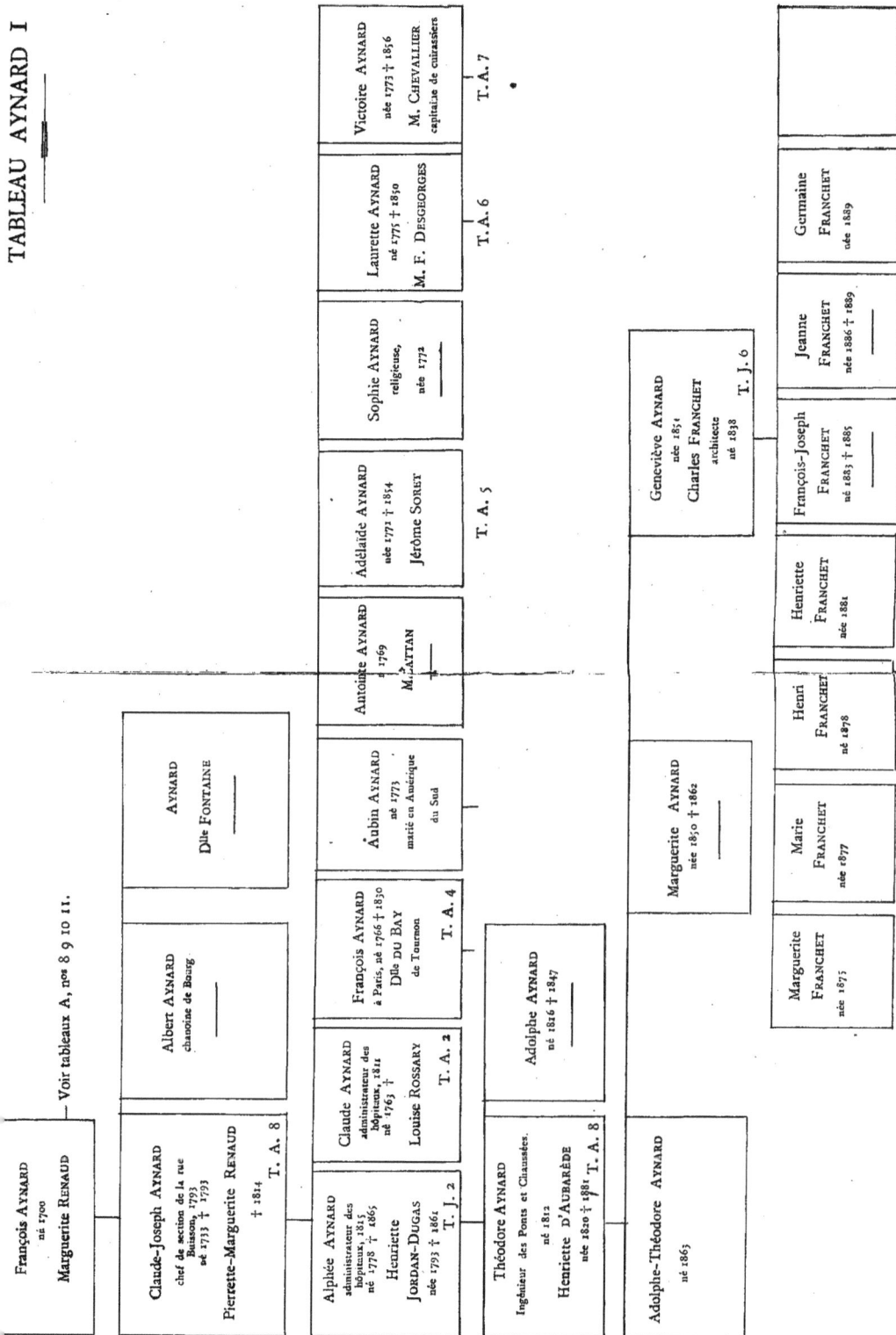

François AYNARD
né 1700
Marguerite RENAUD

Claude-Joseph AYNARD
chef de section de la rue Buisson, 1793
né 1733 † 1793
Pierrette-Marguerite RENAUD
† 1814
T. A. 8

Albert AYNARD
chanoine de Bourg

AYNARD
Dlle FONTAINE

Alphée AYNARD
administrateur des hôpitaux, 1815
né 1778 † 1865
Henriette JORDAN-DUGAS
née 1793 † 1861
T. J. 2

Claude AYNARD
administrateur des hôpitaux, 1841
né 1765 †
Louise ROSSARY
T. A. 2

François AYNARD
à Paris, né 1766 † 1830
Dlle DU BAY
de Tournon
T. A. 4

Aubin AYNARD
né 1773
marié en Amérique du Sud

Antoine AYNARD
† 1769
M. LATTAN

Adélaïde AYNARD
née 1771 † 1854
Jérôme SORET
T. A. 5

Sophie AYNARD
religieuse,
née 1772

Laurette AYNARD
née 1775 † 1850
M. F. DESGEORGES
T. A. 6

Victoire AYNARD
née 1773 † 1856
M. CHEVALLIER
capitaine de cuirassiers
T. A. 7

Théodore AYNARD
Ingénieur des Ponts et Chaussées,
né 1812
Henriette D'AUBARÈDE
née 1820 † 1881 · T. A. 8

Adolphe AYNARD
né 1816 † 1847

Marguerite AYNARD
née 1850 † 1862

Geneviève AYNARD
née 1851
Charles FRANCHET
architecte
né 1838
T. J. 6

Adolphe-Théodore AYNARD
né 1865

Marguerite FRANCHET
née 1875

Marie FRANCHET
née 1877

Henri FRANCHET
né 1878

Henriette FRANCHET
née 1881

François-Joseph FRANCHET
né 1883 † 1885

Jeanne FRANCHET
née 1886 † 1889

Germaine FRANCHET
née 1889

FAMILLE AYNARD

Tableau Généalogique

N° 2.

Claude AYNARD.

Henri AYNARD.

Francisque AYNARD.

Édouard AYNARD.

DE BOISSET.

Clément JOURDAN.

BALLEIDIER.

NEYRON DES GRANGES.

TABLEAU AYNARD 2

Claude AYNARD
Louise ROSSARY

Frère d'Alphée AYNARD
T. A. 1

Francisque AYNARD administrateur des hôpitaux de Lyon
cousin germain de Théodore AYNARD
1res noces : Joséphine MAS
2mes noces : Augustine MAS Vve BERGER

Édouard AYNARD député 1892
Rose DE MONGOLFIER petite-fille de Marc Séguin inventeur de la locomotive.

Alphonse AYNARD

Charles AYNARD

Marie AYNARD
Armand D'HENNZEL

Joseph AYNARD

Henri AYNARD président du Tribunal de Commerce de Lyon
Elisabeth-Benoîte GOURD

Adèle AYNARD
M. DE VALENCE

Emilie AYNARD
Mathieu GARNIER

Alphonsine AYNARD
Henri JULLIEN
Voir T. A. 3

Marc AYNARD — Annette ORIOL
Joséphine AYNARD — Charles JONNART député
Raymond AYNARD
Pauline AYNARD
Francisque AYNARD
René AYNARD
Jeanne AYNARD
Joseph AYNARD
Jean AYNARD
Henri AYNARD
Paul AYNARD
Augustin AYNARD

Henri D'HENNZEL
Joseph D'HENNZEL
Alix D'HENNZEL
Alphonse D'HENNZEL

Francisca AYNARD
Charles DE BOISSET
T. J. 8

Henri AYNARD

Emilie AYNARD
Camille BALLEIDIER président du Tribunal de Gex

Elise AYNARD
Paul D'AUBARÈDE trésorier de la ville de Lyon

Alice AYNARD
Clément JOURDAN

Camille AYNARD
Louis NEYRON DES GRANGES

T. A. 8

Maurice DE BOISSET
Henri DE BOISSET

Marguerite DE CLAVIÈRE
Edith DE BEOST

Camille BALLEIDIER
Henri BALLEIDIER

Jeanne DURIEU

Louise JOURDAN — M. DE SEGANVILLE
Marguerite JOURDAN
Germaine JOURDAN

Jeanne NEYRON DES GRANGES
Marie NEYRON DES GRANGES
Marthe NEYRON DES GRANGES
Paul NEYRON DES GRANGES

FAMILLE AYNARD

Tableau Généalogique.

N° 3.

Henri JULLIEN-AYNARD.

Claude JULLIEN.

PELLEY DU MANOIR - JULLIEN.

DU PELOUX - JULLIEN.

JULLIEN - CHARRIN.

JULLIEN - FEROUILLAT.

THIOLLIÈRE - JULLIEN.

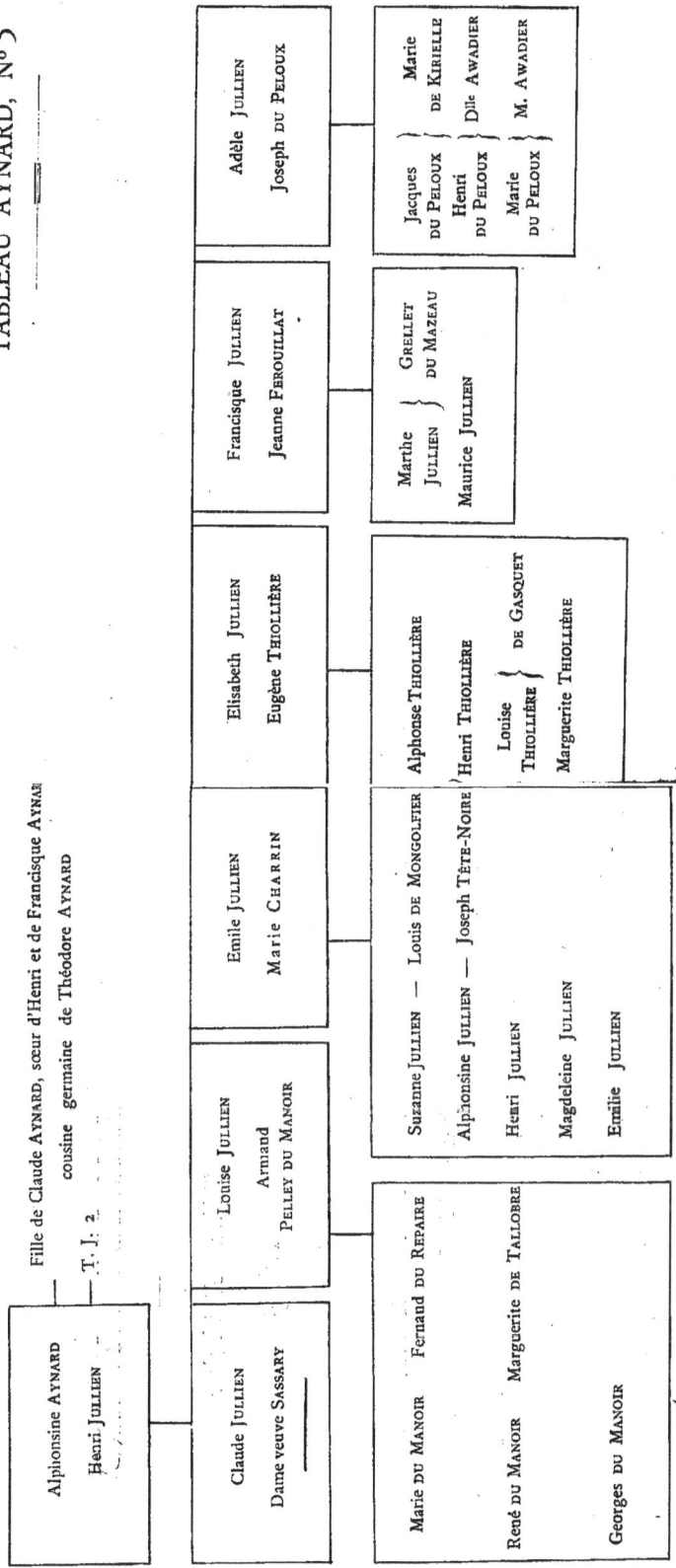

TABLEAU AYNARD, No 3

Alphonsine AYNARD — Fille de Claude AYNARD, sœur d'Henri et de Francisque AYNARD
Henri JULLIEN — T. J. 2 — cousine germaine de Théodore AYNARD

Claude JULLIEN Dame veuve SASSARY	Louise JULLIEN Armand PELLEY DU MANOIR	Emile JULLIEN Marie CHARRIN	Elisabeth JULLIEN Eugène THIOLLIÈRE	Francisque JULLIEN Jeanne FEROUILLAT	Adèle JULLIEN Joseph DU PELOUX

Louise JULLIEN / Armand PELLEY DU MANOIR

Marie DU MANOIR — Fernand DU REPAIRE

René DU MANOIR — Marguerite DE TALLOBRE

Georges DU MANOIR

Emile JULLIEN / Marie CHARRIN

Suzanne JULLIEN — Louis DE MONGOLFIER

Alphonsine JULLIEN — Joseph TÊTE-NOIRE

Henri JULLIEN

Magdeleine JULLIEN

Emilie JULLIEN

Elisabeth JULLIEN / Eugène THIOLLIÈRE

Alphonse THIOLLIÈRE

Henri THIOLLIÈRE — Louise THIOLLIÈRE } DE GASQUET

Marguerite THIOLLIÈRE

Francisque JULLIEN / Jeanne FEROUILLAT

Marthe JULLIEN } GRELLET DU MAZEAU

Maurice JULLIEN

Adèle JULLIEN / Joseph DU PELOUX

Jacques DU PELOUX } Marie DE KIRIELLE

Henri DU PELOUX } Dlle AWADIER

Marie DU PELOUX } M. AWADIER

FAMILLE AYNARD

Tableau Généalogique.

N° 4.

FRANÇOIS AYNARD.

BRUYSET DE SURE-AYNARD.

Baron CORVISART-AYNARD.

Tableau Généalogique

N° 5.

JÉROME SORET-AYNARD.

BELMONT-SORET-AYNARD.

TABLEAU AYNARD, N° 5

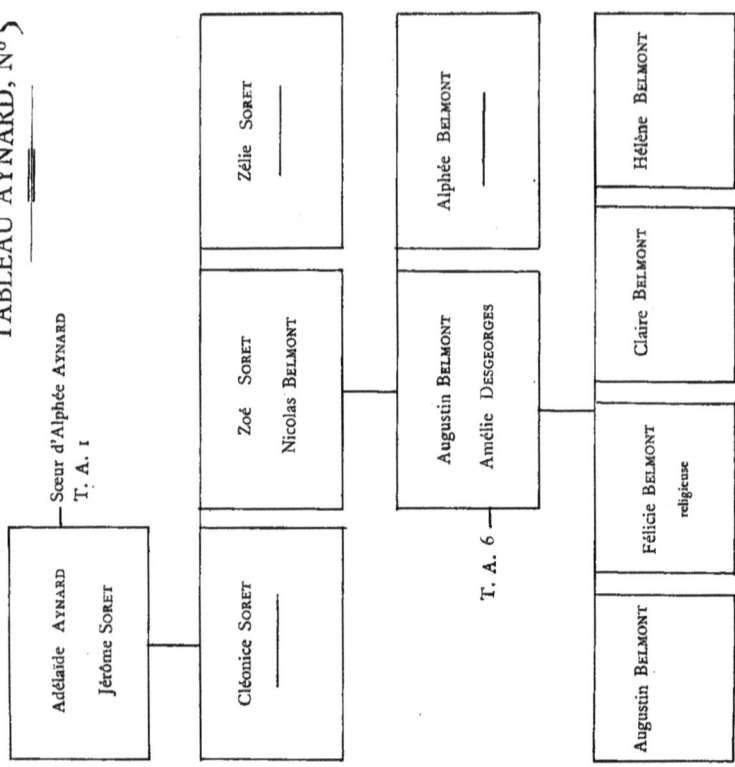

Sœur d'Alphée Aynard
T. A. 1

Adélaïde Aynard
Jérôme Soret

Cléonice Soret

Zoé Soret
Nicolas Belmont

Zélie Soret

Augustin Belmont
Amélie Desgeorges

Alphée Belmont

T. A. 6

Augustin Belmont

Félicie Belmont
religieuse

Claire Belmont

Hélène Belmont

TABLEAU AYNARD, N° 4

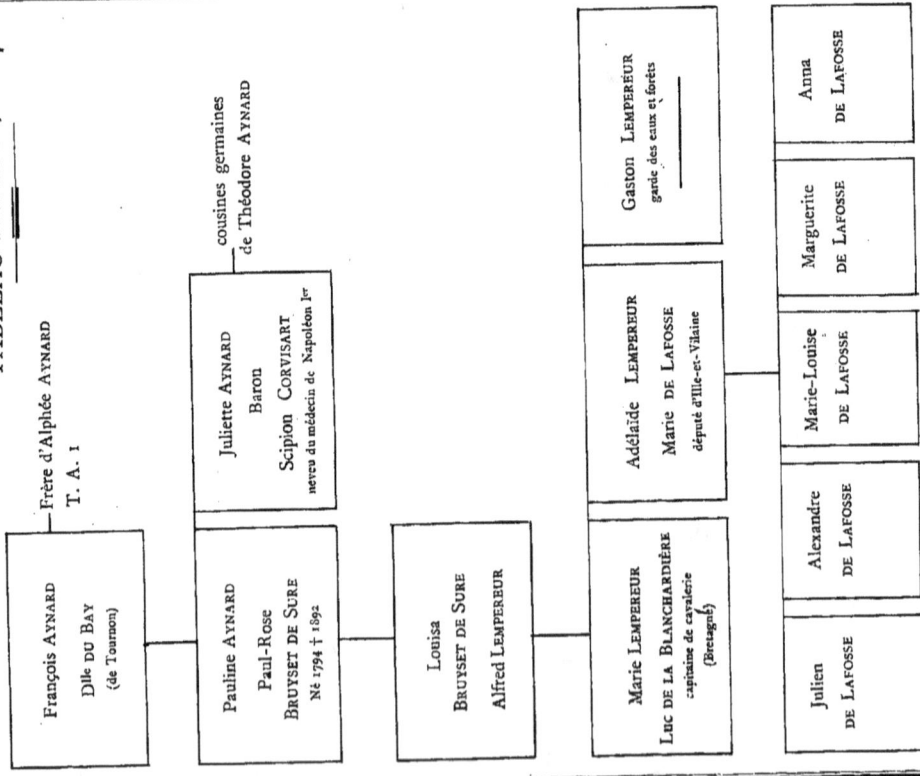

Frère d'Alphée Aynard
T. A. 1

cousines germaines
de Théodore Aynard

François Aynard
Dlle du Bay
(de Tournon)

Juliette Aynard
Baron
Scipion Corvisart
neveu du médecin de Napoléon Ier

Pauline Aynard
Paul-Rose
Bruyset de Sure
Né 1794 † 1892

Louisa
Bruyset de Sure
Alfred Lempereur

Adélaïde Lempereur
Marie de Lafosse
député d'Ille-et-Vilaine

Gaston Lempereur
garde des eaux et forêts

Marie Lempereur
Luc de la Blanchardière
capitaine de cavalerie
(Bretagne)

Julien
de Lafosse

Alexandre
de Lafosse

Marie-Louise
de Lafosse

Marguerite
de Lafosse

Anna
de Lafosse

FAMILLE AYNARD

Tableau Généalogique

N° 6.

DESGEORGES-AYNARD.

DESGEORGES DE BOUGEREL.

FLACHAIRE DE ROUSTAN-DESGEORGES.

DUCRUET-DESGEORGES.

BELMONT-DESGEORGES.

MARINET-DESGEORGES.

TABLEAU AYNARD, No 6

Laurette AYNARD

Sœur d'Alphée AYNARD
T. A. 1

François DESGEORGES

Gabriel DESGEORGES
Célanite BEAUVAIS

Amédée DESGEORGES
prélat romain
supérieur des Chartreux
à Lyon

Louise DESGEORGES
Guillaume DUCRUET
notaire

Clarisse DESGEORGES
Auguste MARINET
ingénieur
des ponts et chaussées

Paul DESGEORGES
Clairia DE BOUGEREL

Alphonse DESGEORGES
Clairia DE BOUGEREL

Amédée DESGEORGES
Louise DE BOUGEREL

Gabriel DESGEORGES
marié en Amérique

Hélène DESGEORGES
Th. FLACHAIRE DE ROUSTAN

Amélie DESGEORGES
Augustin BELMONT

Joseph DUCRUET
Marie DUGAS
fille de Camille,
frère d'Osippe

Gabriel MARINET
Mathilde MARINET

Théodore FLACHAIRE DE ROUSTAN

Marie-Louise FLACHAIRE DE ROUSTAN
religieuse au Japon

Félicie FLACHAIRE DE ROUSTAN
† 1885

T. J. 9.

T. A. 5.

Jules DESGEORGES
Dlle LAGOUTTE

Maurice DESGEORGES
Louis DESGEORGES
Joseph DESGEORGES
Jeanne DESGEORGES
Magdeleine DESGEORGES

Marcel DESGEORGES
Amédée DESGEORGES
Henri DESGEORGES
Marie-Thérèse DESGEORGES } Albert DUGAS
Marguerite DESGEORGES
Raoul DESGEORGES

Régis FLACHAIRE DE ROUSTAN
Dlle SAUZÉON

Marcel FLACHAIRE DE ROUSTAN
Alice DE LONG

Louise DUCRUET
Elysée NEYRAND

Marcel DUCRUET
Dlle Antoine NEYRAND

Jean DUCRUET

Marguerite DUCRUET

Amédée DESGEORGES
Joseph DESGEORGES
Emmanuel DESGEORGES
Isabelle DESGEORGES
Germaine DESGEORGES } Lucien TREPOZ
Amélie DESGEORGES
Paul DESGEORGES

Gabriel FLACHAIRE DE ROUSTAN
Dlle NEYRAND

Joseph FLACHAIRE DE ROUSTAN
Marie-Louise FLACHAIRE DE ROUSTAN
Hélène FLACHAIRE DE ROUSTAN
Adèle FLACHAIRE DE ROUSTAN

Bruno FLACHAIRE DE ROUSTAN
Marcelle FLACHAIRE DE ROUSTAN
Gabriel FLACHAIRE DE ROUSTAN

Jeanne DUCRUET
Lucien BRUN
fils du sénateur

FAMILLE AYNARD

Tableau Généalogique.

N° 7.

CHEVALLIER-AYNARD.

Tableau Généalogique

N° 8.

CLAUDE-MARIE RENAUD.

AYNARD-RENAUD.

D'AUBARÈDE-RENAUD.

D'AUBARÈDE-AYNARD.

---

grand'père maternel d'Alphée AYNARD

Claude-Marie RENAUD
1res noces Dlle CHAMBRE — 2mes noces Dlle ROLLET

Marguerite RENAUD
Claude-Joseph AYNARD
Branche AYNARD T. A. 1

Dlle RENAUD religieuse

Henriette RENAUD
Henri D'AUBARÈDE capitaine au régiment d'Artois

Odette RENAUD
M. CHÊNE juge
T. A. 9

Catherine RENAUD
M. DE FLASSELIÈRE
T. A. 10

M. RENAUD dit l'Oncle

Alexandre D'AUBARÈDE
Joséphine BOUVIER

Henriette D'AUBARÈDE
Théodore AYNARD ingénieur des ponts et chaussées
Branche Th. AYNARD T. A. 1

Paul D'AUBARÈDE trésorier de la ville de Lyon
Elise AYNARD
T. A. 2

Marie D'AUBARÈDE † 1863

Elisabeth D'AUBARÈDE † 1861

Henri D'AUBARÈDE officier de cavalerie

Paul D'AUBARÈDE

Alexandre D'AUBARÈDE

Hugues D'AUBARÈDE

Emile D'AUBARÈDE officier d'infanterie

Camille D'AUBARÈDE

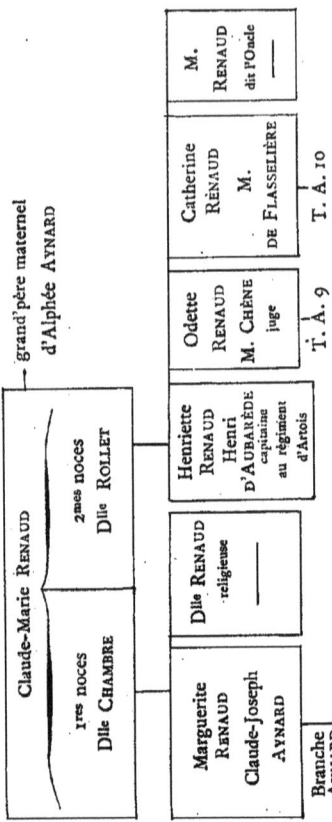

Sœur d'Alphée AYNARD tante de Th. AYNARD

Victoire AYNARD
M. CHEVALLIER capitaine de cuirassiers maire de la Croix-Rousse

Henri CHEVALLIER artiste peintre paysagiste
Elisabeth DUCREUX

Joseph CHEVALLIER

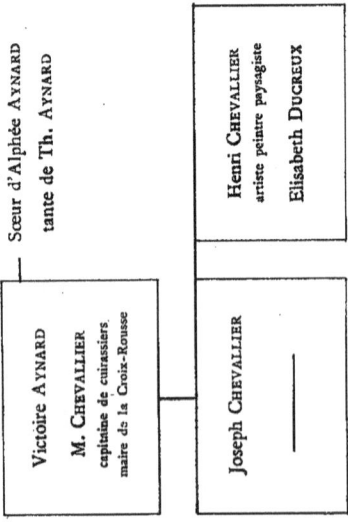

FAMILLE AYNARD

Tableau Généalogique.

N° 9.

CLAUDE-MARIE RENAUD.

CHÈNE-RENAUD.

CHÉNE.

BONNARDEL.

LIVET.

Tableau Généalogique

N° 10.

DE FLASSELIÈRE.

FLORIN.

DE MONTÈPIN.

DE BALORE.

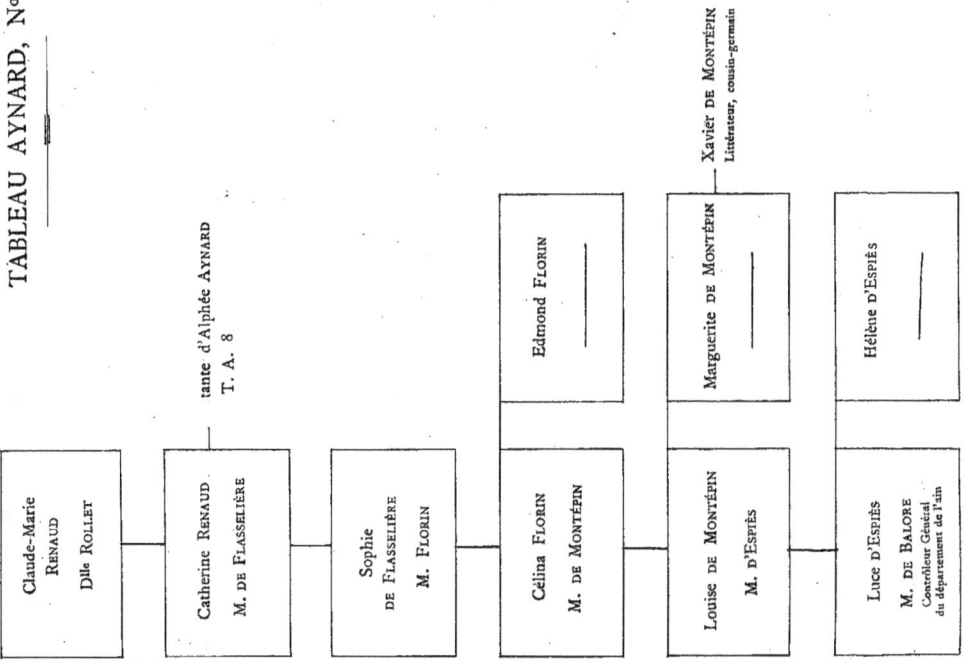

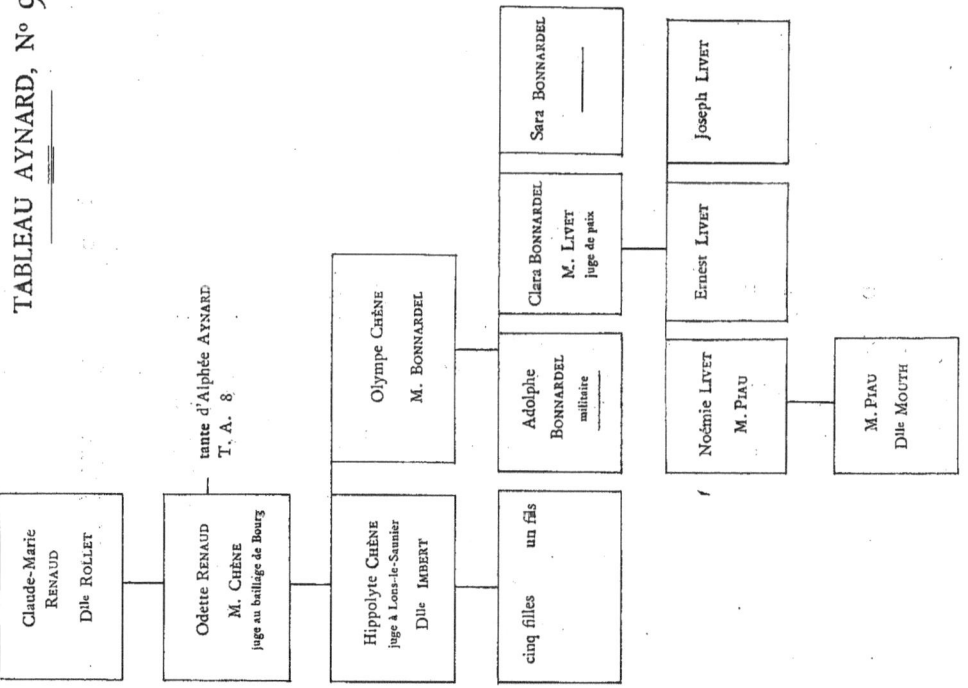

Claude-Marie RENAUD
Dlle ROLLET

Odette RENAUD
M. CHÊNE
juge au bailliage de Bourg

tante d'Alphée AYNARD
T. A. 8

Hippolyte CHÊNE
juge à Lons-le-Saunier
Dlle IMBERT

Olympe CHÊNE
M. BONNARDEL

cinq filles   un fils

Adolphe
BONNARDEL
militaire

Clara BONNARDEL
M. LIVET
juge de paix

Sara BONNARDEL

Noémie LIVET
M. PIAU

Ernest LIVET

Joseph LIVET

M. PIAU
Dlle MOUTH

Claude-Marie RENAUD
Dlle ROLLET

Catherine RENAUD
M. DE FLASSELIÈRE

tante d'Alphée AYNARD
T. A. 8

Sophie
DE FLASSELIÈRE
M. FLORIN

Célina FLORIN
M. DE MONTÉPIN

Edmond FLORIN

Louise DE MONTÉPIN
M. D'ESPIÈS

Marguerite DE MONTÉPIN ── Xavier DE MONTÉPIN
                            Littérateur, cousin-germain

Luce D'ESPIÈS
M. DE BALORE
Contrôleur Général
du département de l'ain

Hélène D'ESPIÈS

FAMILLE AYNARD

Tableau Généalogique.

N° II.

RENAUD.

AYNARD.

D'AUBARÈDE.

MOYRET.

M. RENAUD

Claude-Marie RENAUD
1res noces — Dlle Marie CHAMBRE
2mes noces — Dlle ROLLET

Etienne RENAUD
Marie DE MONTHIEU

Henriette RENAUD
Henri D'AUBARÈDE
capitaine au régiment d'Artois

Anne-Marie-Josephte RENAUD
Jean-Charles MOYRET
notaire
juge de paix à Pont-d'Ain
mariage 1781

cousines germain

Pierrette-Marguerite RENAUD
Joseph AYNARD

Alexandre D'AUBARÈDE
Joséphine BOUVIER

Jean-Charles-Bon MOYRET
ancien capitaine d'infanterie
juge de paix à Pont-d'Ain
1res noces — Pierrette DAUPHIN
2mes noces — Clémentine VICAIRE

Henriette MOYRET

Césarine MOYRET
Antoine VERGOIN

Alphée AYNARD
Henriette JORDAN-DUGAS

M. Louis MOYRET
avocat à Bourg
ancien magistrat
Dlle Fanny SOUSSELIER

Dlle Marie MOYRET
Albin SAVOIE

Lucie MOYRET
Octave LALLOUETTE

Henriette D'AUBARÈDE
Théodore AYNARD

Paul D'AUBARÈDE
receveur municipal de Lyon
Elise AYNARD

Théodore AYNARD
Henriette D'AUBARÈDE

T. A. 1

T. A. 2 et 8

Charles MOYRET
avocat
Joseph MOYRET
Aspirant de marine
Louis MOYRET
Antoine MOYRET
Marie MOYRET

Marie PAL

Eugène SAVOIE
ancien magistrat
Louise LACOUR
fille du docteur

Marie LALLOUETTE
Gabriel PULIGNEU
percepteur

FAMILLE AYNARD

Tableau Généalogique

Nº 12.

AYNARD.

D'AUBARÈDE.

CARDON DE SANDRANS.

DE ROYER.

TABLEAU AYNARD, No 12

M. D'ANDELIN

M. D'ANDELIN

M. D'ANDELIN

M. D'ANDELIN Colonel d'artillerie.

Dlle D'ANDELIN
Maximilien D'AUBARÈDE
Bataille de Fontenoy, 1745.

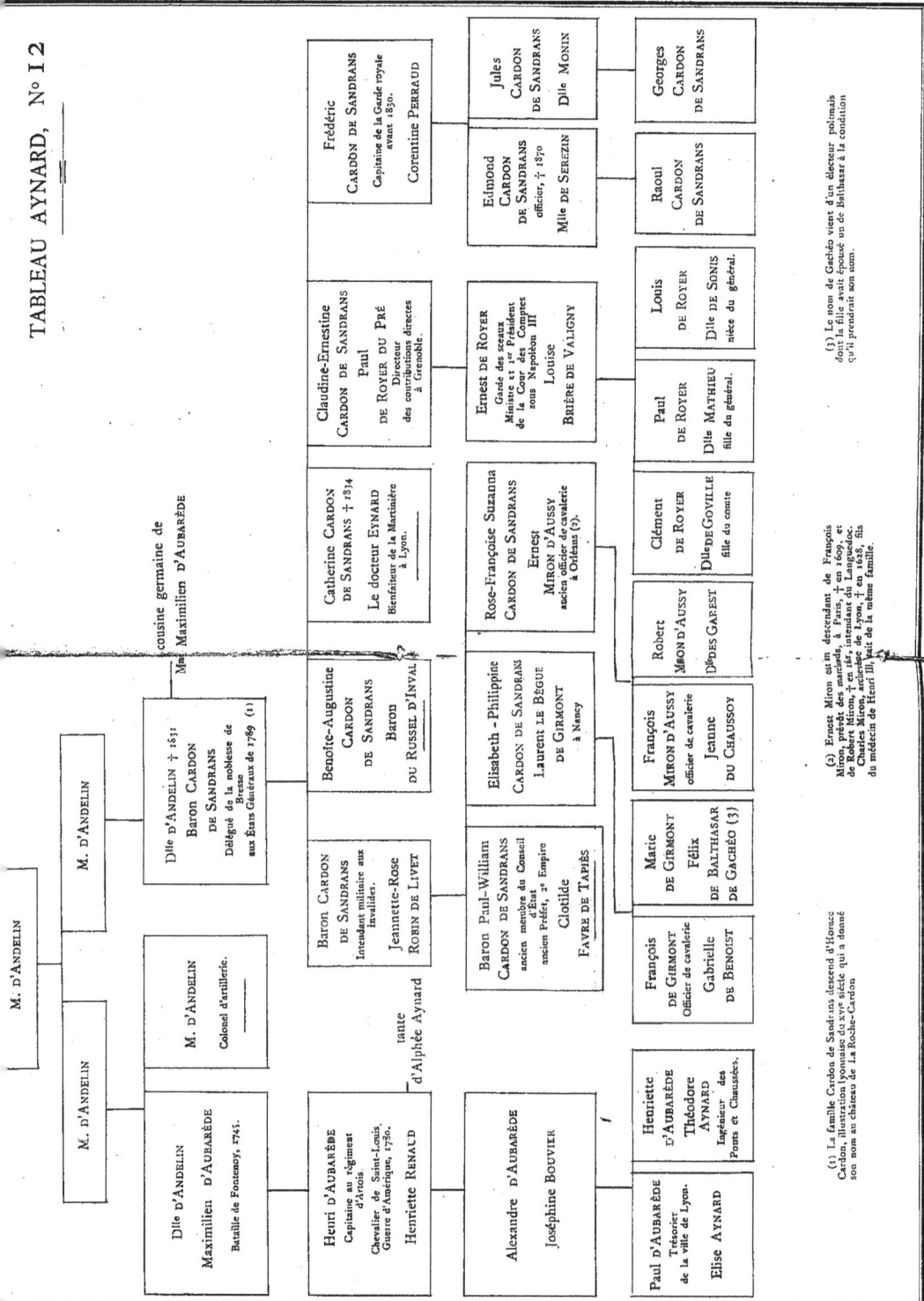

cousine germaine de
Mme Maximilien D'AUBARÈDE

Dlle D'ANDELIN † 1651
Baron CARDON DE SANDRANS
Délégué de la noblesse de Bresse aux États Généraux de 1789 (1)

Benoîte-Augustine CARDON DE SANDRANS
Baron DU RUSSEL D'INVAL

Catherine CARDON DE SANDRANS † 1854
Le docteur EYNARD
Bienfaiteur de la Martinière à Lyon.

Claudine-Ernestine CARDON DE SANDRANS
Paul DE ROYER DU PRÉ
Directeur des contributions directes à Grenoble

Frédéric CARDON DE SANDRANS
Capitaine de la Garde royale avant 1830.
Corentine PERRAUD

- Edmond CARDON DE SANDRANS officier, † 1870, Mlle de SEREZIN
- Jules CARDON DE SANDRANS, Dlle MONIN
  - Raoul CARDON DE SANDRANS
  - Georges CARDON DE SANDRANS

Ernest DE ROYER
Garde des sceaux Ministre et 1er Président de la Cour des Comptes sous Napoléon III
Louise BRIÈRE DE VALIGNY

- Paul DE ROYER, Dlle MATHIEU fille du général.
- Clément DE ROYER, Dlle DE GOVILLE fille du comte
- Louis DE ROYER, Dlle DE SONIS nièce du général.

Baron CARDON DE SANDRANS
Intendant militaire aux Invalides.
Jeannette-Rose ROBIN DE LIVET

Baron Paul-William CARDON DE SANDRANS
ancien membre du Conseil d'État ancien Préfet, 2e Empire
Clotilde FAVRE DE TAPÈS

Elisabeth-Philippine CARDON DE SANDRANS
Laurent LE BÈGUE DE GIRMONT à Nancy.

- François DE GIRMONT Officier de cavalerie, Gabrielle DE BENOIST
- Marie DE GIRMONT, Félix DE BALTHASAR DE GACHÉO (3)

Rose-Françoise Suzanna CARDON DE SANDRANS
Ernest MIRON D'AUSSY
ancien officier de cavalerie à Orléans (2).

- François MIRON D'AUSSY officier de cavalerie, Jeanne DU CHAUSSOY
- Robert MIRON D'AUSSY, Dlles DES GAREST

Henri D'AUBARÈDE
Capitaine au régiment d'Artois.
Chevalier de Saint-Louis. Guerre d'Amérique, 1730.
Henriette RENAUD

tante d'Alphée Aynard

Alexandre D'AUBARÈDE
Joséphine BOUVIER

Henriette D'AUBARÈDE
Théodore AYNARD
Ingénieur des Ponts et Chaussées.

Paul D'AUBARÈDE
Trésorier de la ville de Lyon.
Elise AYNARD

(1) La famille Cardon de Sandrans descend d'Horace Cardon, illustration lyonnaise du XVIe siècle qui a donné son nom au château de La Roche-Cardon

(2) Ernest Miron est un descendant de François Miron, prévôt des marchands, à Paris, † en 1609, et de Robert Miron, † en 1641, intendant du Languedoc, de Charles Miron, archevêque de Lyon, † en 1628, fils du médecin de Henri III, lui-même de la même famille.

(3) Le nom de Gachéo vient d'un électeur polonais dont la fille avait épousé un de Balthasar à la condition qu'il prendrait son nom.

FAMILLE JORDAN

Tableau Généalogique

Nº I.

JORDAN DE GÉRANDO.

JORDAN BRIASSON.

JORDAN DUGAS DE CHASSAGNY.

AYNARD JORDAN-DUGAS.

Abraham JORDAN
de Grenoble
Justine
ANGLÈS-LYONS

Abraham, petit-fils de Lanthelme
dont le testament est de 1611

Henri Ier JORDAN
Jeanne DE GÉRANDO
mariage 1723
T. J. 15

Hélène JORDAN
Claude DUPUIS

Branche PERIER, de Grenoble
T. J. 14

N° 17 Henri II JORDAN
né 1724 Échevin 1779 † 1794
Magdeleine BRIASSON
Fille de l'échevin
T. J. 8

Pierre JORDAN
Elisabeth PERIER

Branche Jordan PERIER, Camill ORDAN

Henri III JORDAN
Né 1764 † 1855
Catherine DUGAS
LE CHASSAGNY
née 1775 † 1856
mariage 1792

Catherine JORDAN
née 1758 † 1821
Dominique VIONNET

Jeanne JORDAN
née 1756 † 1823
Isaac COSTE

Henriette JORDAN
Alexandre BERGASSE

mariage 11 oct. 1785
frère de l'avocat Nicolas BERGASSE

Henriette JORDAN-DUGAS
née 1791 † 1861
Alphée AYNARD
né 1798 † 1865 **T. J. 2**

Henri IV
JORDAN DE SURY
né 1794   1872
Enna JOVIN DES HAYES
† 1883

Jeanne-Angélique
JORDAN
dite Jenny, née 1796 † 1873
Charles MAGNEUNIN

Camille JORDAN
DE PUYFOL
Zoé MAGDELENE
de D^{Me}

T. J. 4

Edouard JORDAN
DE CHASSAGNY
1800 † 1865
Astasie DE BOURDON

T. J. 13   T. J. 5

Jules JORDAN
R. P. Jésuite
né 1803 † 1863

Louis JORDAN
né 1805 † 1815

Théodore AYNARD
Ingénieur des Ponts et Chaussées.
né 1812
Henriette D'AUBARÈDE
née 1820 † 1851

Adolphe AYNARD
né 1816 † 1847

Adolphe-Théodore AYNARD
né 1863

Marguerite AYNARD
née 1850 † 1862

Geneviève AYNARD
née 1851
Charles FRANCHET
architecte

FAMILLE JORDAN

———

Tableau Généalogique

N° 2.

———

AYNARD JORDAN-DUGAS.

THÉODORE AYNARD-JORDAN.

FRANCHET-AYNARD.

———

Henri Ier JORDAN   Mariage 1723. un des témoins est Isaac JORDAN,

Jeanne DE GÉRANDO   procureur au Parlement

Henri II JORDAN
Échevin 1779.
né 1724 † 1794
Magdeleine BRIASSON   Mariage 1755
née 1734 † 1813

Henri III JORDAN   Fille unique de J.-B. Dugas, seigneur de Chassagny,
Catherine DUGAS   unique héritière pour elle et sa postérité masculine
DE CHASSAGNY   et féminine des lettres de noblesse de 1777.
mariage 1792

Henriette JORDAN-DUGAS   Petite-fille de J.-B. Dugas de Chassagny
Alphée AYNARD   aînée de tous les Jordan-Dugas.
mariage 1811

Théodore AYNARD
Ingénieur des Ponts et Chaussées.   Adolphe AYNARD
né 1812   né 1816 † 1847
Henriette D'AUBARÈDE
mariage 1849

Adolphe-Théodore AYNARD   Marguerite AYNARD
né 1863   née 1850 † 1862

   Geneviève AYNARD
   née 1851
   Charles FRANCHET   mariage 1872
   architecte

Marguerite   Marie   Henri   Henriette   François-Joseph   Jeanne   Germaine
FRANCHET   FRANCHET   FRANCHET   FRANCHET   FRANCHET   FRANCHET   FRANCHET
née 1875   née 1877   né 1878   née 1881   né 1883 † 1885   née 1886 † 1889   née 1889

FAMILLE JORDAN

Tableau Généalogique

N° 3.

JORDAN DE SURY.

HUMANN JORDAN.

HENRI DUGAS - JORDAN.

Frère de Mme AYNARD-JORDAN T. J. 1 et 2.
Oncle de Théodore AYNARD.

Henri IV
JORDAN DE SURY
Enna
JOVIN DES HAYES

Aymé
JORDAN DE SURY
Alice HUMANN
Petite-fille du ministre.

Henri V
JORDAN DE SURY

Camille
JORDAN DE SURY
Edmond-HUMANN
Fils du ministre,
Receveur général
de la Nièvre, et de la Loire.

Edith
JORDAN DE SURY
Henri DUGAS
Député, fils de Camille
Dugas, de Givors.

Camille DUGAS
Mme Ve BOIGUE

Henri VI
JORDAN DE SURY
Officier de cavalerie.
Dlle GOUVION
DE SAINT-CYR
Petite-fille du ministre.

Marthe
JORDAN DE SURY
M. DE BICHIRAN

Raoul HUMANN
Officier de marine.
Marie
PERRAUT DE CHAZELLE
Petite-fille de M. de Barante
ambassadeur et historien.

Jean HUMANN
Officier de cavalerie
Marie D'HUMEZ

Robert HUMANN
Officier de cavalerie.

Marie
JORDAN DE SURY
Raoul D'ASSIER
de Feurs.

Jean D'ASSIER

Jacques
HUMANN

Edith
HUMANN

Alice
HUMANN

Yvonne
HUMANN

FAMILLE JORDAN

———

Tableau Généalogique

N° 4.

———

JORDAN DE PUYFOL.

DE GREILS-JORDAN.

———

Tableau Généalogique.

N° 5.

———

JORDAN DE CHASSAGNY.

DE LABATIE-JORDAN.

———

T. J. 1

JORDAN DE PUYFOL.
Officier de cavalerie.
Zoé MAGDELAINE
de Dôle.

Frère de Mme AYNARD-JORDAN
Oncle de Théodore AYNARD.

Camille JORDAN
N. à Paris.

Marie JORDAN DE PUYFOL
Comte ARTHMANN DE GREILS
Château de Messillac (Cantal)
Commune de Rauilhac.
† 1890.

Eugène
JORDAN DE PUYFOL
Isménie DE GREILS

Marie
DE GREILS

Jeanne
DE GREILS
M. MORISQUE
Percepteur.

Théonie
DE GREILS

Noémie
DE GREILS

Henri
JORDAN DE PUYFOL
Anne Élysée
NEYRAND
de Saint-Chamond.

Camille
JORDAN DE PUYFOL

Hélène
JORDAN DE PUYFOL

Bertrand
DE GREILS

Alice
DE GREILS
M. CHOMEL
de Dienne.

Une fille
N.

T. J. 13.

Édouard
JORDAN
DE CHASSAGNY
Astasie BOURBON

Frère de Mme AYNARD-JORDAN
Oncle de Théodore AYNARD.

René JORDAN
N.

Mathilde
JORDAN DE CHASSAGNY
Alfred
ROYER DE LABATIE

Alfred
JORDAN DE CHASSAGNY
Marguerite CHALAND
de Saint-Chamond.

Édouard
JORDAN
DE CHASSAGNY
Officier d'infanterie.

Camille
JORDAN
DE CHASSAGNY
Officier d'infanterie.

Jules
JORDAN
DE CHASSAGNY
officier d'artillerie
de marine

Gabriel
JORDAN
DE CHASSAGNY
Prêtre.

Charles
JORDAN
DE CHASSAGNY

Edith
JORDAN
DE CHASSAGNY

Henri
ROYER
DE LABATIE

Edgard
ROYER
DE LABATIE

Marthe
ROYER
DE LABATIE

Edwige
ROYER
DE LABATIE

Marie
Thérèse
ROYER
DE LABATIE

Louis
ROYER
DE LABATIE

Hélène
ROYER
DE LABATIE

FAMILLE JORDAN

Tableau Généalogique.

N⁰ 6.

COSTE-JORDAN

BERLOTY-COSTE

FRANCHET COSTE-JORDAN

RICHARD FRANCHET-JORDAN

Henri II Jordan l'Echevin. / **Magdeleine Briasson** — T. J. 1 et 8.

Jeanne Jordan / **Isaac Coste** — **Henri III Jordan** / **Catherine Dugas de Chassagny** — Branches Jordan-Dugas T. J. 1.

Benoît Coste / **Joséphine Colomb** — **Catherine Coste** dite Catinette, Supérieure du Couvent de Saint-Michel, à Paris. — **Magdeleine Coste** — **Adélaïde Coste** / **Claude-Joseph Franchet**, Médecin des Hôpitaux de Lyon. — Frère de M. **Franchet d'Espérey**, directeur général de la police sous Louis XVIII et Charles X.

François Coste / **Dlle de Chaizotte** de Saint-Chamond. — **Marie Coste** / **Félix Berloty** Notaire. — **Blandine Coste** Religieuse. — **Vincent Franchet** / **Claudia Aigoin-Lambert** — **Louise Franchet** / **Paul Richard** de la Monnaie.

Adrien Berloty Notaire / **Dlle Demoustier** — **Joséphine Berloty** / **Me Boffard** Ancien Notaire. — **Denise Berloty** / **Rambaud**, avocat (*Nouvelliste*) — **Bonaventure Berloty** R. P. Jésuite. — **Charles Franchet** Architecte / **Geneviève Aynard** — **Gabrielle Richard** — **Joséphine Richard** — **Xavier Richard** / **Marguerite Ribollet** — **Magdelaine Richard** Religieuse

T. A. 1.   T. J. 2.

Urbain Richard — **Joseph Richard** — **Félix Richard** — **Noël Richard** — **Gabriel Richard** — **Henri Richard** — **Marie-Louise Richard** — **Aymée Richard** — **Isabelle Richard** — **Charlotte Richard** — **Joséphine Richard** — **Marguerite-Marie Richard**

FAMILLE JORDAN

Tableau Généalogique.

N° 7.

JORDAN-PÉRIER

ALEXANDRE JORDAN.

CAMILLE JORDAN, député aux Cinq-Cents.

AUGUSTIN JORDAN.

NOEL JORDAN.

CÉSAR JORDAN.

AUGUSTE JORDAN.

DE GRAVILLON-JORDAN.

HENRI JORDAN
T. J. 1

Jeanne DE GÉRANDO
T. J. 15

Henri JORDAN l'aîné
échevin

Magdeleine BRIASSON

T. J. 1 { Branche JORDAN-BRIASSON
            et JORDAN-DUGAS.

Pierre JORDAN

Elisabeth PÉRIER
de Grenoble

César JORDAN

Adèle
CAQUET-VAUZELLE

Alexandre JORDAN
receveur des finances

Silvie
DE ROQUEBEAU

Augustin JORDAN
secrétaire d'ambassade
à Rome
sous la Restauration

Augustine
DE MAUDUIT

Noël JORDAN
curé de Saint-Bonaventure
à Lyon

Camille JORDAN
député aux 500, 1796, et
sous la Restauration,
1815 à 1821 (1)

Julie MAGNIEUNIN

Charles JORDAN
officier de cavalerie

mort à Rome

Alexis JORDAN
botaniste

Alexandre JORDAN
Ingénieur
des Ponts et Chaussées.

Dlle PUVIS
DE CHAVANNES
sœur du peintre

Camille JORDAN
magistrat à Lyon

Nathalie BRENIER
DE MONTMORAND

Pauline JORDAN

M. VESPRE

Gabriel
JORDAN

Adrienne
JORDAN.

Le Baron
DESPATYS
juge à Melun

Auguste JORDAN
ingénieur
des ponts et chaussées

Valérie ARDAILLON

Caroline JORDAN

Alphonse
DE GRAVILLON

Camille JORDAN
ingénieur des mines
membre de l'Institut

Dlle MUNET

Mathilde JORDAN

Paul GIRAUD
magistrat à Lyon

Marie VESPRE

Félix JACQUIER

Camille JORDAN

Robert BOUBÉE
avocat, ancien magistrat

Arthur DE GRAVILLON
statuaire

Dlle DE VAUXONNE

Pauline JORDAN

Louis PINOT
de Bourbon-Lancy

Camille JORDAN
Edouard JORDAN
Pierre JORDAN
Charles JORDAN
Louis JORDAN

Marguerite JORDAN
Marie JORDAN

Gérard GIRAUD
avocat

Auguste BOUBÉE

Jacques BOUBÉE

Robert BOUBÉE

Marie PINOT

Emmanuel DE LOISY

Le Baron
Omer DESPATYS
ancien magistrat
membre du Conseil muni-
cipal de Paris 1890
Dlle Camille JOUVE
fille de l'officier d'état-major

(1) Le 17 juin 1797, Camille Jordan, au conseil
des 500, fit un rapport célèbre sur la police des
cultes, où il demanda le rétablissement pour les
églises, des cloches, supprimées pendant la Révolution.

FAMILLE JORDAN

Tableau Généalogique.

N° 8.

Charles-Claude BRIASSON, Échevin.

RAMBAUD-BROSSE.

Baron RAMBAUD, Maire de Lyon.

DE BOISSET.

DAUDET.

DE LA CHAPELLE.

TABLEAU JORDAN, N° 8.

Charles-Claude BRIASSON
Échevin 1757
Dlle GINESTOUS
De Montpellier.

Frère de l'imprimeur de l'Encyclopédie
à Paris.   Mariage 1730.

Marie BRIASSON
M. RAMBAUD

Magdelaine BRIASSON
Henri JORDAN
Échevin

Branches JORDAN-DUGAS
et AYNARD-JORDAN.
T. J. 1.

Dlle BRIASSON
M. SERVANT

Dlle BRIASSON
M. DE BROSSE

Charles-Claude RAMBAUD
Marguerite-Victoire BROSSE

Pierre-Thomas RAMBAUD
Maire de Lyon
de 1818 à 1826.
Dlle FAVRE

So n a été donné au cours
...ud sur la Saône, à Lyon.

Dlle RAMBAUD
M. DAUDET

Louis RAMBAUD
Alphonsine-Alexina DUFOURNEL

Maria RAMBAUD
Barthélemy Hippolyte DE BOISSET
Adjoint au Maire de Lyon

Charles RAMBAUD
Conseiller à la Cour de Lyon
Emma DE LA CHAPELLE

M. DAUDET
Dlle DE CHAMBAUD

Clarisse DAUDET
M. DE LA CHAPELLE

Victor DE BOISSET
Dlle GRUBIS DE L'ISLE

Zoé DE BOISSET
SAUVAGE DE SAINT MARC

Charles DE BOISSET
Dlle Francisca AYNARD

T. A. 2.

Baron Louis RAMBAUD
à Paris

Sophie RAMBAUD
Gaspard DE BELIGNY

Honorine RAMBAUD
Antoine PONCHON
DE SAINT-ANDRÉ

Marie RAMBAUD
Sœur du Saint-Sacrement
Bénédictine à Oullins

Adolphe DE LA CHAPELLE
près Maximieux
Dlle DE MONTEREAU
Nièce de Lamartine

Emma DE LA CHAPELLE
Baron Charles RAMBAUD
Conseiller à la Cour de Lyon

Ernest DE LA CHAPELLE
Antoinette DE BOISSIEU
fille de Claudius

Paul DE LA CHAPELLE
Fanny DE BOISSIEU
Fille de Claudius

Baron RAMBAUD
à Paris.

Mme PONCHON
DE SAINT-ANDRÉ
Mme DE BELIGNY

Sœur MARIE
DU SAINT-SACREMENT
Bénédictine à Oullins

FAMILLE JORDAN

Tableau Généalogique

N° 9.

DUGAS, DE SAINT-CHAMOND.

CAMILLE DUGAS.

DUGAS DE LA BOISSONNY.

BOUCHARDIER-DUGAS.

GUIGOU-DUGAS.

TABLEAU JORDAN, No 9

... Notaire à Valfleury.

Valfleury deux moulins nommés le Grand Gas et le Petit Gas.

1610 environ

COGNET-DUGAS, Notaire à Lyon.

COGNET-DUGAS Banquier à Lyon.

Joseph DUGAS Catherine VIALIS

Branche DUGAS DE LA CATONIÈRE

a acheté La Catonière, près de Rive-de-Gier.

Jean-Baptiste DUGAS Seigneur de Chassagny Lettres patentes, 1777. Né 1755 †1809 Lucrèce Demoiselle 1. BALAS 2. ROYER [T. J. 10.]

Jacques DUGAS DU VILLARS Lettres patentes 1777. Élisabeth REGNAULT

Claude DUGAS Prébendier de l'abbaye de la Boissonny. Agathe CROZET

Jean-Jacques DUGAS VIALIS Laurence CROZET [T. J. 11.]

Jeanne DUGAS M. REGNAULT

Joséphine DUGAS M. 1. Christophe RODIER 2. CHALAND [T. J. 13.]

Mlle DUGAS du Couvent, religieuse.

Camille DUGAS Antoinette Magdeleine 1. CROZET 2. REY

DUGAS-MONTBEL Député traducteur d'Homère Membre de l'Institut

Thomas DUGAS Adjoint à la mairie de Lyon. Dlle PONCHON

Adèle DUGAS M. DE FRUCTUS

Laureu... DUGAS Dlle ...ALAS

Camille DUGAS à Givors. Dlle MALGONTIER

Victor DUGAS à Saint-Chamond Emma THIOLLIÈRE

Laurette DUGAS M. BOUCHARDIER

Jeanne DUGAS Jean GUIGOU

Catherine DUGAS DE CHASSAGNY Henri III JORDAN fils de l'échevin. Br. JORDAN [T. J. 1.]

Victor DUGAS Alice DE CANSON

Henri DUGAS Édith JORDAN DE SURY [T. J. 3.]

Yvan DUGAS BOUCHARDIER Dlle FROMENTAL.

Philippe GUIGOU Lucie POURRET DES GAUDS de Bourg-Argental.

Camille GUIGOU Marie RAVUT

Cépy DE FRUCTUS Dlle DE LA SERVETTE.

Agathe DUGAS Claudius SANDLER

Camille DUGAS

Noémi DUGAS Antoine DUGAS-VIALIS

Louise DUGAS Claudius DE BOISSIEU [T. J. 16.]

Camille DUGAS Ve DE BOIGUE

Marie DUGAS DU VILLARS

Jeanne DUGAS M. LE BEAU DE LA MORINIÈRE

Renée DUGAS M. DE LESTAPY Offer de cavalerie.

Joseph GUIGOU, Jean GUIGOU, Paul GUIGOU, Attale GUIGOU

Blandine GUIGOU, Marguerite GUIGOU

Camille DUGAS Virginie DUGAS-VIALIS

Prosper DUGAS Eugénie VESPRE

Laurent DUGAS DE LA BOISSONNY Marie MUNET

Élise DUGAS Melchior MUNET

Élysée DUGAS Marie DUGAS DU VILLARS

Joseph DUGAS à P. Jésuite

Paul DUGAS Dlle DESCOURS

Prosper MUNET Dlle JOURDAN d'Aijou (Isère).

Joseph DUGAS Jeanne DUGAS M. GAUTIER. Germaine, Isabelle, Carmel, Anne, Monique, Élisabeth, Marie

Yvanna DUGAS Auguste ANGINIEUR

Osippe DUGAS

Thomas DUGAS Dlle D'HAUTERIVE de Clermont.

Emma ANGINIEUR Ernest LACOMBE

Antoinette DUGAS Victor DE BOISSIEU

Yvan DUGAS Louise NEYRAND

Gabriel ANGINIEUR Marie DE LA PORTE

Marie LACOMBE, Léonie LACOMBE, Camille LACOMBE, Alfred LACOMBE

Jean JOURNOUX, Charles MONTALAND, Marguerite ROUVÈRE

Marie DUGAS Joseph DUCRUET [T. A. 6]

Jeanne ANGINIEUR, Marguerite ANGINIEUR, René ANGINIEUR

Henri DE PONT

FAMILLE JORDAN

Tableau Généalogique

N° 10.

DUGAS DU VILLARS.

TABLEAU JORDAN, N° 10

Jacques
DUGAS DU VILLARS
Elisabeth REGNAULT

Frère de J.-B. DUGAS DE CHASSAGNY, Grand-père
de Mme AYNARD-JORDAN

— T. J. 9.

Camille-Catherin
DUGAS DU VILLARS
Dlle DU CHAILLOU

DUGAS DU VILLARS

Zenon
DUGAS DU VILLARS
Dlle DE LESVILLERS

Polyeucte
DUGAS DU VILLARS
—————

Paullien
DUGAS DU VILLARS
Elisabeth NEYRAND
Fille d'Elysée

Camille
DUGAS DU VILLARS
Marie DE FRAIX

Marie
DUGAS DU VILLARS
Elysée DUGAS
Fils d'Antoine Dugas-Vialis
et de Noémie Dugas,
fille de Prosper

Zénaïde
DUGAS DU VILLARS
Félix DU BOURG

Antonie
DUGAS DU VILLARS
Stéphane-Germain
DE MONTAUZAN

Gabrielle
DUGAS DU VILLARS
M DE MOSE

8 enfants

13 enfants

2 enfants

2 enfants

9 enfants

1 enfant

FAMILLE JORDAN

———

Tableau Généalogique

N° II.

———

DUGAS-VIALIS.

———

TABLEAU JORDAN N° II

Joseph Dugas
Catherine Vialis

Jean-Jacques Dugas-Vialis   Frère de J.-B. Dugas de Chassagny.
Laurence Crozet   T. J. 9

Jean-Jacques Dugas-Vialis
Virginie Flachat

Dlle Dugas-Vialis
M. Robichon

Virginie Dugas-Vialis
Camille Dugas
Fils de Thomas,
frère d'Osippe
T. J. 9.   T. A. 6.

Antoine Dugas-Vialis
1re N.   2e N.
Noémie   Dlle de
Dugas   Boucherville

Dlle Camille Dugas-Vialis
1re N.   2e N.
Campredon   Grangier

Laurette Dugas-Vialis
M Frachon

Dlle Jenny Dugas-Vialis
M. Malgontier

Agathe Dugas-Vialis
M. Carlet

Élysée Dugas-Vialis
Marie Dugas du Villars

Marie Dugas-Vialis
Joseph de Franclieu

Marguerite Dugas-Vialis
Émilien de Franclieu

Albert Dugas-Vialis
Marie-Thérèse Desgeorges
Fille d'Amédée

Louis Dugas-Vialis
Marguerite Meaudre

Jeanne Dugas-Vialis
Gabriel de Longevial

FAMILLE JORDAN

Tableau Généalogique.

N° I2.

Joseph DUGAS, de Saint-Chamond.

REGNAULT-DUGAS.

THIOLLIÈRE-DUGAS.

NEYRAND-DUGAS.

TABLEAU JORDAN N° I 2

Joseph Dugas
Catherine Vialis

Jeanne Dugas
M. Regnault
T. J. 9

sœur des cinq Dugas :
Jean-Baptiste Dugas de Chassagne
Jacques Dugas du Villars
Claude Dugas de la Boissony
Camille Dugas
Jean-Jacques Dugas-Vialis

Louise Regnault
M. Thiollière

Elisabeth Regnault
Fleury Granger

Catherine Regnault
M. de Chazotte

Henriette Regnault
M. Borel

Emma Thiollière
Victor Dugas de la Boissony
T. J. 9

Elisabeth Thiollière
M. Neyrand-Buyet

Marie-Jacqueline Thiollière
Jacques Chaland

Antoine Thiollière
Sabine Angnieur

Eugène Thiollière
Dlle Thiollière la Roche

Henri Thiollière
Dlle Magnin

Louise Dugas
Claudius de Boissieu
T. J. 16

Enfants Neyrand-Buyet :
William Neyrand — Jenny David
Adèle Neyrand — Ernest Neyron
Elysée Neyrand — Louise Thiollière
Eugénie Neyrand — Adolphe de Fraix
Henri Neyrand — Sabine Coste
Antoine Neyrand — Dlle de la Tessonière

Enfants Chaland :
Marguerite Chaland — Alfred Jordan de Chassagny
Sabine Chaland — Camille Thiollière
Louise Chaland — Victor Finaz
Gabrielle Chaland
Clary Chaland

Eugène Thiollière — Elisabeth Jullien [T. A. 3.]
Louise Thiollière — Elysée Neyrand
Comte Camille Thiollière — Sabine Chaland

Amélie Thiollière — Jules du Jonchay
Louis Thiollière — Marie Girard
Mathilde Thiollière — Léon Royer de Labatie

Jeanne Thiollière — Joseph de Fraix
Joséphine Thiollière — Raymond Lacam
Louise Thiollière
Anne-Marie Thiollière

Gabrielle Neyrand — Paulien Dugas du Villars
Anne Neyrand — H. Jordan-Puyfol
Thérèse Neyrand
Eugénie Neyrand

FAMILLE JORDAN

———

Tableau Généalogique.

N° 13.

———

Joseph DUGAS.

RODIER-DUGAS.

CHALAND·DUGAS.

———

TABLEAU JORDAN, Nº 13

Joseph DUGAS
Catherine VIALIS

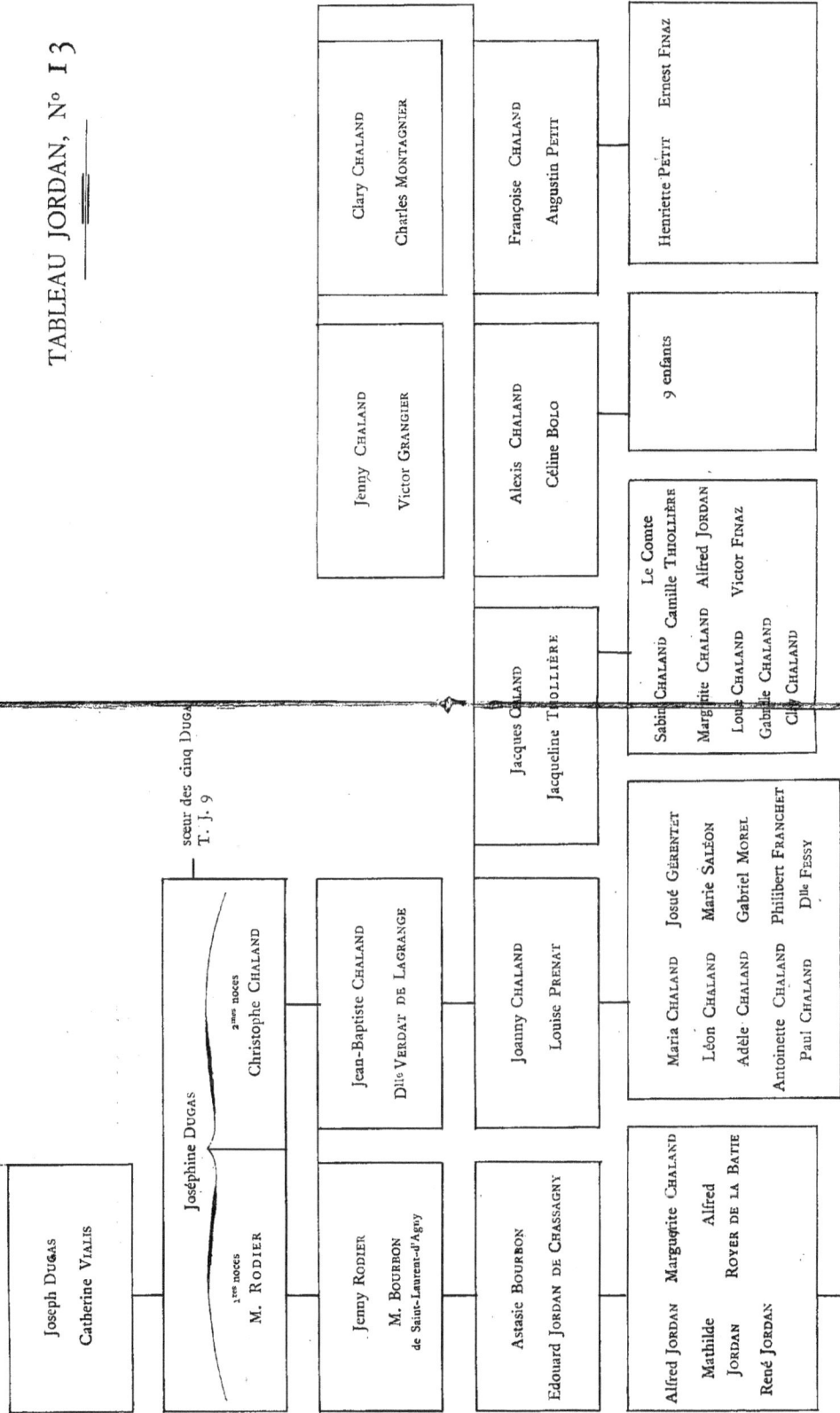

Joséphine DUGAS
sœur des cinq DUGAS
T. J. 9

1res noces
M. RODIER

2mes noces
Christophe CHALAND

Jenny RODIER
M. BOURBON
de Saint-Laurent-d'Aguy

Astasie BOURBON
Edouard JORDAN DE CHASSAGNY

Alfred JORDAN — Marguerite CHALAND
Mathilde JORDAN — Alfred ROYER DE LA BATIE
René JORDAN

Jean-Baptiste CHALAND
Dlle VERDAT DE LAGRANGE

Joanny CHALAND
Louise PRENAT

Maria CHALAND — Josué GÉRENTET
Léon CHALAND — Marie SALÉON
Adèle CHALAND — Gabriel MOREL
Antoinette CHALAND — Philibert FRANCHET
Paul CHALAND — Dlle FESSY

Jacques CHALAND
Jacqueline THOLLIÈRE

Sabin CHALAND — Camille THOLLIÈRE — Le Comte
Margurite CHALAND — Alfred JORDAN
Louis CHALAND — Victor FINAZ
Gabrielle CHALAND
Cita CHALAND

Jenny CHALAND
Victor GRANGIER

Alexis CHALAND
Céline BOLO

9 enfants

Clary CHALAND
Charles MONTAGNIER

Françoise CHALAND
Augustin PETIT

Henriette PETIT — Ernest FINAZ

FAMILLE JORDAN

Tableau Généalogique

N° 14.

Abraham JORDAN.

DUPUIS-JORDAN.

PÉRIER-DUPUIS.

Casimir PÉRIER.

ETC, ETC.

Abraham JORDAN
Justine
ANGLÈS-LYONS

Hélène JORDAN
Claude DUPUIS

Henri Ier JORDAN
Jeanne DE GÉRANDO

Branche JORDAN-DUGAS
T. J. 1 et 15.

Elisabeth DUPUIS
Jacques PÉRIER

Elisabeth PÉRIER
Pierre JORDAN
Frère de l'échevin de Lyon.

Branche
JORDAN-PÉRIER
T. J. 7.

Euphrosine PÉRIER
François DUCHÊNE

Claude PÉRIER
Régent de la Banque, député.
Charlotte PASCAL.

Augustin PÉRIER
Directeur de la Cie des Indes.
Louise DE LA BUSSIÈRE

Hélène PÉRIER
Alexandre GUIMAR
DE SALIÈRE

PÉRIER
DUMONTET

Casimir Ier PÉRIER
Président du Conseil des Ministres.
† 1832.
Pauline LOYER

Camille PÉRIER
Pair de France.
Adèle de SAHUNE

Augustin PÉRIER
Pair de France.
Henriette DE BERCKHEIM

Amédée
PÉRIER

Scipion PÉRIER
Louise
DE DIÉTRICH

Joseph PÉRIER
Député,
Régent de la Banque.
Aglaée DE CLAVEL

Alphonse PÉRIER
Député.
Antoinette
DE TOURNAIN

Alexandre PÉRIER
Alexandrine
PASCAL

Joséphine PÉRIER
V. ROLLIN
Député et Préfet

Marine PÉRIER
Camille
TESSEYRE

Casimir II PÉRIER
Député.
1. Dlle PATURLE
2. Dlle FONTENILLA

Paul PÉRIER
Camille PÉRIER
Fille de Joseph.

Eugène PÉRIER
Secrétaire d'ambassade
à Vienne.

Adolphe PÉRIER
Nathalie
DE LAFAYETTE

Cécile PÉRIER
Ludovic VITET
Conseiller d'État
Député, Littérateur

Mathilde PÉRIER
1. DE ROUTEVILLE
2. DE MONTEBELLO

Camille PÉRIER
Paul PÉRIER
Fils de Casimir.

Mathilde PÉRIER
Général du Génie,
CHABAUD-LATOUR
Député.

Clotilde PÉRIER
Général RANDON
Ministre de la guerre

Louise T.
Ch. ROLLAND.
Conseiller général.

Joséphine T.
Amiral DE HELL.

Henriette T.
CHAPER
Préfet du Rhône.

Amélie T.
Louis BERGASSE

Charles T.
Receveur général
Pauline

Casimir III PÉRIER
Député
1891.

Dlle VITET
Sœur de Ludovic, épousé
en 1846, M. Aubry, notaire à Paris.
Elle est la mère de M.
Aubry-Vitet, attaché à
M. le comte de Paris,

FAMILLE JORDAN

—

Tableau Généalogique.

N° 15.

—

DE GÉRANDO-JORDAN

JORDAN-BRIASSON.

AYNARD JORDAN-DUGAS.

PIRON.

REGNY.

OLPH-GAILLARD.

BROSSET.

RANVIER.

———

Françoise MÉJAST

Michel DE GÉRANDO
Pernette BOZONNET

Pierre DE GÉRANDO
Architecte.
Jeanne LYOT — Mariage 1697.

Jeanne DE GÉRANDO
Henri I JORDAN — T. J. 1

Marguerite-Jeanne DE GÉRANDO
François PIRON
Administrateur des Hospices

Antoine DE GÉRANDO
1° Marie BICLET
2° Marie GUMOT
Secrétaire du Roi, 1748.
Parrain de Henri III Jordan, en 1762.

Claude-Antoine DE GÉRANDO
seigneur de Châteauneuf.
Catherine-Charlotte DE POUZELON

Henri II JORDAN
Échevin.
Magdeleine BRIASSON
fille de l'échevin.

Antoine PIRON
victime de 1793.
Dlle BŒUF DE CURIS

Pierre PIRON
administrateur de la Charité.
Dlle ARCIS

Antoine-Benoît DE GÉRANDO
Écuyer.
Marie CHANCEY — Mariage 1759.

Pierre JORDAN
Elisabeth PÉRIER
de Grenoble.

Camille JORDAN
Député.
Alexandre JORDAN
Augustin JORDAN
Abbé Noël JORDAN
César JORDAN

Adélaide PIRON
Amato REGNY
Trésorier de la ville de Lyon.

Virginie PIRON
Joseph OLPH-GAILLARD

Joseph baron DE GÉRANDO
Conseiller d'État, philosophe.
Pair de France.
Demoiselle DE RATHSAMHAUSEN
Auteur des Lettres publiées en 1881

Héloïse-Benoîte DE GÉRANDO
Dominique MOTTET dit DE GÉRANDO
Président de Chambre de commerce,
député, etc.

Henri III JORDAN
né 1762, † 1811.
Catherine DUGAS DE CHASSAGNY

Antoine REGNY
Georges REGNY
Paul REGNY
Anaïs REGNY
M. LANDAR

Louis OLPH-GAILLARD
Dlle DUPIN

Gustave baron DE GÉRANDO
Président à la Cour de Nancy.
Dlle LE CARUYER de Saint-Germain.

Camille DE GÉRANDO
Rome 1811-1846.
Dlle WAKE Anglaise.

Julie MOTTET DE GÉRANDO
Joseph BROSSET
Président de la Chambre de Commerce
de Lyon, etc.

Marguerite MOTTET DE GÉRANDO
François-Victor RANVIER

Henriette JORDAN-DUGAS
Alphée AYNARD — T. J. 7

Emmanuel OLPH-GAILLARD
Dlle FAYARD

Laure OLPH-GAILLARD
M. Frère JEAN

Dominique BROSSET
Avocat
Hortense VACHON

Emmanuel BROSSET
Victoire HECKEL

Marie BROSSET
Léonce LOMBARD-MOREL
Notaire

Louise BROSSET
Albert DESGAULTIÈRE

Jules RANVIER
Louise MAGAUD
Victor RANVIER
Louis RANVIER de l'Institut.
Marguerite RANVIER
Eugène BIZOT

Théodore AYNARD
Ingénieur des Ponts et Chaussées.
Henriette D'AUBARÈDE

Marc BROSSET
Jeanne GUÉRINEAU

Maurice BROSSET
Camille DE DOMPSEN

Joseph LOMBARD

Edward BROSSET H.

Marie-Louise LOMBARD
Jean COIGNET

Suzanne LOMBARD
Augustin CHOMEL
Architecte.

Geneviève AYNARD
Charles FRANCHET
Architecte.

Adolphe AYNARD

3 fils
4 filles

2 fils

FAMILLE JORDAN

Tableau Généalogique

N° 16.

VIALIS.

D'ARESTE.

AYNARD-JORDAN-DUGAS.

DE BOISSIEU-DUGAS.

TABLEAU JORDAN, N° 16

François VIALIS
Jeanne D'ARESTE

Catherine VIALIS
Joseph DUGAS

Antoinette VIALIS
Louis-Jacques DE BOISSIEU

— T. J. 9.

J.-B. DUGAS DE CHASSAGNY
Lucrèce BALLAS

Jean-Jacques DE BOISSIEU
peintre et dessinateur
Anne de VALOUS

— T. J. 11

Catherine DUGAS DE CHASSAGNY
Antoine-Henri JORDAN

Jean-Louis DE BOISSIEU
Marie-Louise BERTHAUD
de Taluyers

Henriette JORDAN-DUGAS
Alphée AYNARD

Fanny DE BOISSIEU
—

Gabrielle DE BOISSIEU
M. DE NOLHAC

Claudius DE BOISSIEU
Louise DUGAS
De St-Chamond

Alphonse DE BOISSIEU
Dlle DE GATELLIER

Théodore AYNARD
Henriette D'AUBARÈDE

Louis DE BOISSIEU
Blanche DE FONTENAY

Henri DE BOISSIEU
Dlle DE LUIGNÉ

Victor DE BOISSIEU
Antoinette DUGAS

Maurice DE BOISSIEU
Dlle THIOLLIÈRE DE L'ISLE

Fanny DE BOISSIEU
Paul DE LA CHAPELLE

Antoinette DE BOISSIEU
Ernest DE LA CHAPELLE

Emma DE BOISSIEU

Adolphe AYNARD

Geneviève AYNARD
Charles FRANCHET

Gustave DE BOISSIEU
mort en 1870
capitaine de chasseurs à pied

Amédée DE BOISSIEU
Dlle FRETEAU DE PENY

FAMILLE JORDAN

———

Tableau Généalogique

N° 17.

———

LES DE MAGNEVAL

Amis intimes et séculaires

DES AYNARD ET DES JORDAN

———

TABLEAU JORDAN Nº 17

Barthélemy
DE MAGNEVAL
Député du Rhône, 1815
Dlle REY

Ami et associé de Henri III
JORDAN, avant 1789 et
après.
T. J. I

MAGNEVAL
dit l'Oncle
Dlle SAIN

MAGNEVAL l'aîné
Mort en Allemagne.

Charles
DE MAGNEVAL
receveur des finances
à Marseille.

Gabriel
DE MAGNEVAL
avocat
et conseiller de préfecture à Lyon
Augustine PERAULT
de Montmerle

...na
DE MAGNEVAL
M. LAVY
de...ille

Louise DE MAGNEVAL
† 1891, à Marseille.

Camille
DE MAGNEVAL
N...
à Paris.

Annette
DE MAGNEVAL
Auguste MORAND
d'Évian.

Augustin
DE MAGNEVAL
Clémentine
GUERINEAU

Gabriel
DE MAGNEVAL
Jeanne SERVIER

Jeanne
DE MAGNEVAL
Alband DURAND
juge à Montbrison

Elisabeth
DE MAGNEVAL

Anaïs SALAVY
† 1841.
Emmanuel
DE FONTCOLOMBE
de La Môle

Gabriel SALAVY
Dlle DE MONTIGNY

Gustave MORAND
en Amérique

Amédée MORAND
Dlle FABVRE

Gabriel
DE MAGNEVAL

Maurice †
DE MAGNEVAL

Suzanne
DE MAGNEVAL

Geneviève
DE MAGNEVAL

Emmanuel
DE MAGNEVAL

Gabriel
DE MAGNEVAL

Henri
DE MAGNEVAL

Paul
DE MAGNEVAL

Marie
DE MAGNEVAL

Camille
DURAND

Gabrielle
DURAND

Renée
DURAND

Paul
DURAND

Charles
DE FONTCOLOMBE
de la Môle
Alice
DE LETRANGE

Fernand
DE FONTCOLOMBE
Dlle PASCAL
Ve DE COURCY
à Marseille.

Neuf
enfants.

Quatre
enfants.

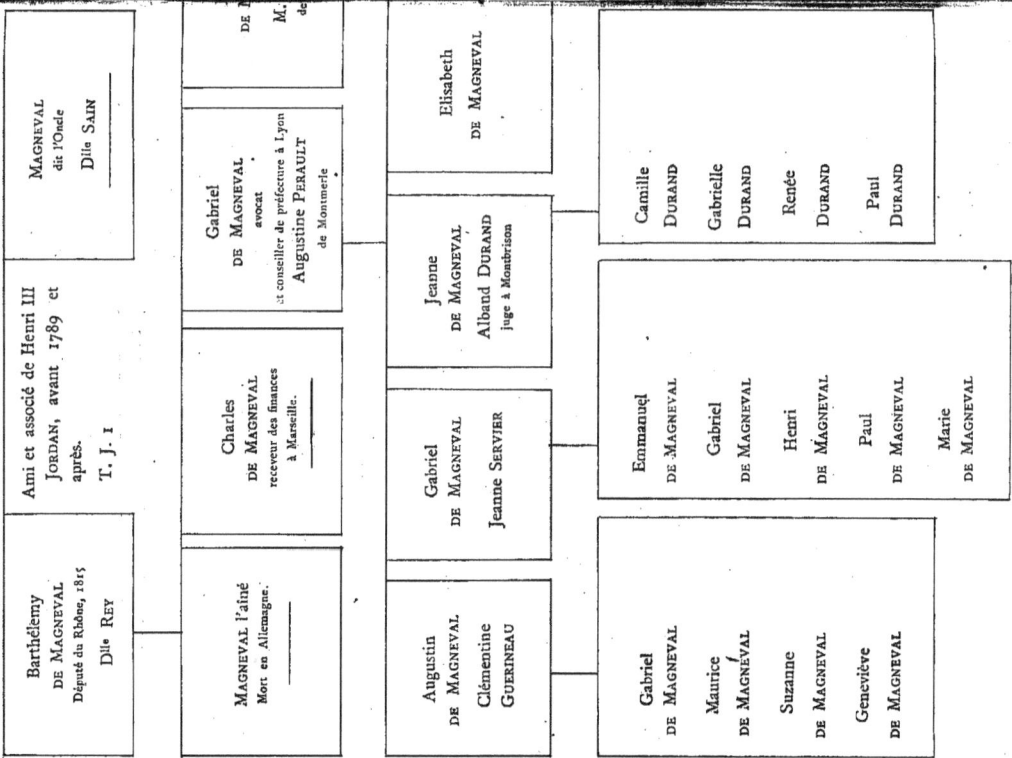

FAMILLE JORDAN

———

Tableau Généalogique

N° 18.

———

LES ANGINIEUR

ALLIÉS DES

DUGAS ET THIOLLIÈRE

———

TABLEAU JORDAN Nº 18

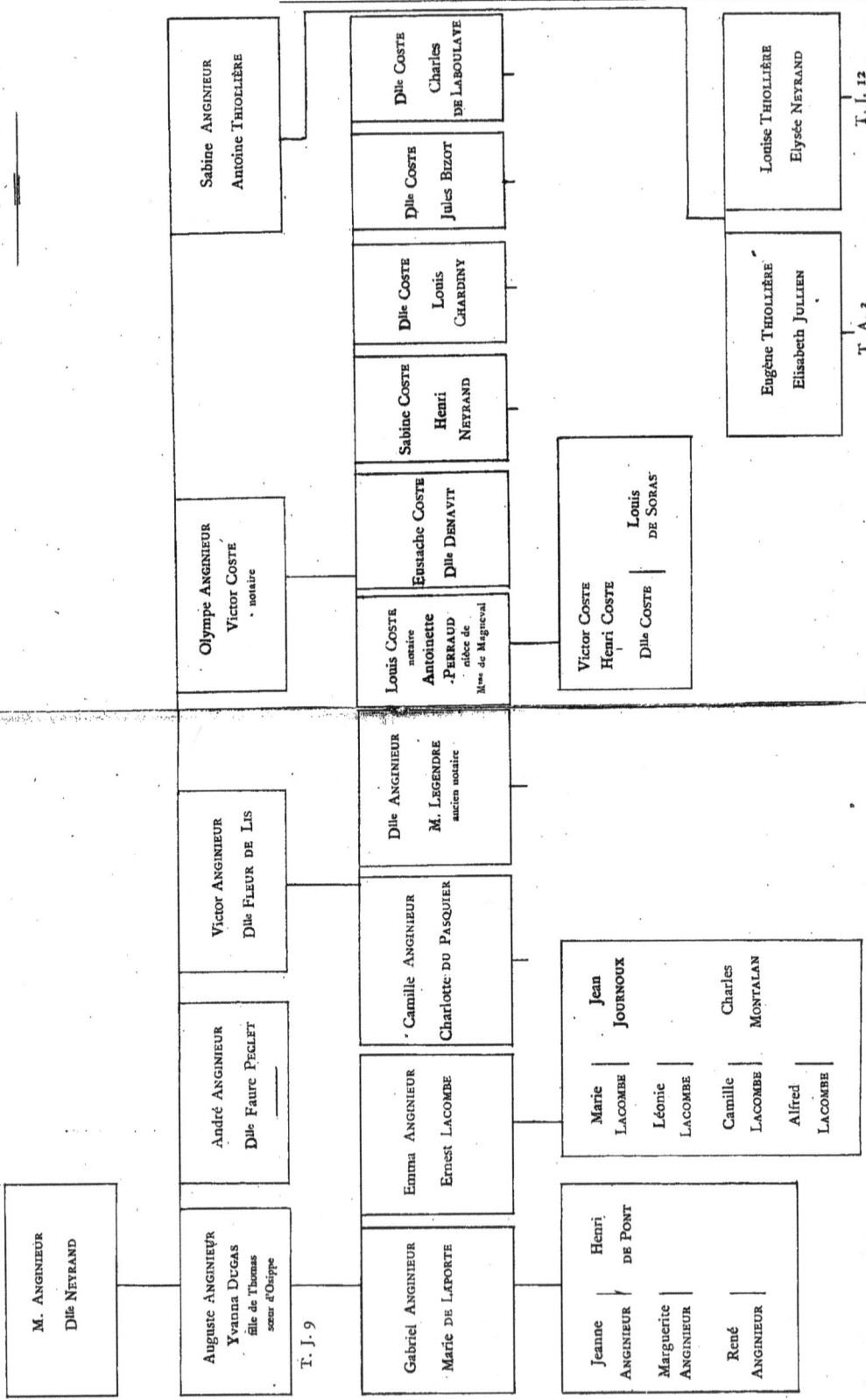

M. ANGINIEUR
Dlle NEYRAND

Auguste ANGINIEUR
Yvanna DUGAS
fille de Thomas
sœur d'Osippe

T. J. 9

André ANGINIEUR
Dlle FAURE PEGLET

Victor ANGINIEUR
Dlle FLEUR DE LIS

Olympe ANGINIEUR
Victor COSTE
notaire

Sabine ANGINIEUR
Antoine THIOLLIÈRE

Gabriel ANGINIEUR
Marie DE LAPORTE

Emma ANGINIEUR
Ernest LACOMBE

Camille ANGINIEUR
Charlotte DU PASQUIER

Dlle ANGINIEUR
M. LEGENDRE
ancien notaire

Louis COSTE
notaire
Antoinette PERRAUD
nièce de
Mme de Magneval

Eustache COSTE
Dlle DENAVIT

Sabine COSTE
Henri NEYRAND

Dlle COSTE
Louis CHARDINY

Dlle COSTE
Jules BIZOT

Dlle COSTE
Charles DE LABOULAYE

Victor COSTE
Henri COSTE
Dlle COSTE
Louis DE SORAS

Eugène THIOLLIÈRE
Elisabeth JULLIEN

T. A. 2

Louise THIOLLIÈRE
Elysée NEYRAND

T. I. 12

Jeanne ANGINIEUR
Marguerite ANGINIEUR
René ANGINIEUR

Henri DE PONT

Marie LACOMBE
Léonie LACOMBE
Camille LACOMBE
Alfred LACOMBE

Jean JOURNOUX

Charles MONTALAN

FAMILLE JORDAN

——

Tableau Généalogique.

N° 19.

——

LES FRANCHET D'ESPEREY

———

Franchet, conseiller du Roi, avocat au Parlement, et dame Lucrèce de Perey, étaient possesseurs en 1753 du fief de Tortorel en la paroisse d'Estivareille (Loire), ayant moyenne et basse justice.

Jean de Perey, lieutenant en la châtellenie de Montbrison, en a prêté l'hommage le 6 mai 1722.

Le nom d'Esperey vient par transformation de l'héritage de sa tante, dame Lucrèce de Perey.

Noble FRANCHET
frère de Franchet de Tortorel
à Montbrison (Loire)

Claude-Joseph FRANCHET
de Tortorel
avocat au Parlement
Dame Lucrèce
DE PEREY
fille de Jean

Magdeleine FRANCHET
religieuse ursuline
bénédictine de Pradine
1753 † 1820

Claude-Joseph FRANCHET
médecin des hôpitaux
de Lyon
Adélaïde
COSTE-JORDAN

François
FRANCHET D'ESPEREY
ministre de la police sous
Louis XVIII et Charles X
Dlle DE SAINTE-LUCE

Vincent FRANCHET
Claudia
AIGOIN LAMBERT

Frédéric
FRANCHET D'ESPEREY
officier
au service de l'Autriche
après 1830

Louis
FRANCHET D'ESPEREY
colonel de cavalerie
1er Empire
Louise DE DION

François
FRANCHET D'ESPEREY
ancien officier de la marine
sarde, attaché au comte
de Chambord
Dlle DE CROISMARE
à Versailles

Aymé
FRANCHET D'ESPEREY
officier de la garde impériale
1er Empire

Marie
FRANCHET D'ESPEREY
Le Comte
DE MONTIGNY
directeur des Haras

Marguerite
FRANCHET D'ESPEREY
Le Comte
DE CARCANO
à Milan

Angèle
FRANCHET D'ESPEREY
M. ARNOULD
colonel d'artillerie
en retraite à Lille

Charles FRANCHET
architecte
Geneviève AYNARD
fille de Théodore

Louis
FRANCHET D'ESPEREY
officier d'ordonnance
du ministre
de la guerre, 1892

François
FRANCHET D'ESPEREY
officier d'infanterie
Marie
GRAND-SIRE

Yvonne
FRANCHET
D'ESPEREY
Maurice
DESVERNAYS
(Loire)

Laurence
FRANCHET
D'ESPEREY

Simonne
DE MONTIGNY
Le Comte
BERNARD
D'ATHANOUSE

Jean DE MONTIGNY

Le Comte
DE CARCANO

Joseph ARNOULD

Solange ARNOULD
M. DE ZYLOFF
de Vinde

André ARNOULD
Dlle DELCOURT

Germaine ARNOULD

Magdeleine
ARNOULD
André THÉRY

T. A. 1 | T. J. 2

www.ingramcontent.com/pod-product-compliance
Lightning Source LLC
Chambersburg PA
CBHW052035270326
41931CB00012B/2494